JOSÉ CECILIO DEL VALLE

SOÑABA EL ABAD DE SAN PEDRO Y YO TAMBIÉN SÉ SOÑAR

ERANDIQUE

COLECCIÓN

SOÑABA EL ABAD DE SAN PEDRO Y YO TAMBIÉN SÉ SOÑAR
José Cecilio del Valle

©Editorial Erandique
Supervisión Editorial : Óscar Flores López
Diseño de portada: Andrea Rodríguez-Lilyana Gálvez
Administración: Tesla Rodas y Jéssica Cordero
Levantamiento de texto: Zona Creativa
Director Ejecutivo: José Azcona Bocock

Segunda edición
Tegucigalpa, Honduras-mayo de 2024

LA IGNORANCIA ES EL ORIGEN DEL MAL

Al igual que mi tío, el entrañable Matías Funes Valladares, yo crecí con la idea de que José Cecilio del Valle había sido un político conservador.

El Sabio, a quien mis maestras de escuela llamaban un "enemigo de la Independencia", no me era nada simpático, y lo veía como un tipo iluminado, pero lejano del pueblo.

Pero muchos años después, cuando leí el libro Valle: su tiempo y el nuestro, escrito por mi tío, comencé a quitarme la venda de los ojos… y de la mente.

Penetrar en el pensamiento del prócer fue para mí una verdadera revelación —escribe mi tío en su libro, publicado por primera vez en 2008—. La lectura de sus escritos me hizo reflexionar sobre lo injusto que hemos sido al desconocerlo, negarlo o tergiversarlo. Y vi con claridad, asimismo, que Honduras ha transitado por caminos muy diferentes a los que él nos trazó.

Valle, a pesar de la grandeza de sus ideas, es prácticamente ajeno a los hondureños, lo que hace imposible que podamos ponerlas en práctica.

Descubrir a Valle es urgente. Hoy más que nunca. Pues solo así podremos construir la Patria Grande que él soñó.

En su artículo El triple colapso de la independencia, José Simón Azcona Bocock escribe: "Cuando estudiamos la historia de Honduras y Centroamérica en el periodo revolucionario e independentista temprano (1808-40) vemos la enormidad del proyecto en el que estaban enfrascados Francisco Morazán y José Cecilio del Valle (cada uno a su forma), y la enorme tragedia de su fracaso. Esta tragedia fue inmediata, pero sus implicaciones futuras causaron un trauma originario que nunca hemos logrado superar".

"Si Valle no hubiera muerto después de su elección para el periodo 1834-39 —agrega Azcona Bocock—, tal vez su forma más conciliadora hubiese servido mejor para mitigar la enorme explosión de anarquía que comenzaría en 1836 y que destruyó a la Federación".

En aquel momento, enfrascados en batallas interminables, los hondureños, así como el resto de centroamericanos, no pudieron entender la magnitud de lo que significaba para el futuro de la región, el fallecimiento de Valle.

Como parte de la hermosa tarea de reeditar libros que ayuden a la reconstrucción de la memoria histórica y al fortalecimiento de la identidad nacional, COLECCIÓN ERANDIQUE publica uno de los ensayos más famosos del Sabio Valle: Soñaba el abad de San Pedro y yo también sé soñar, en el que da sus ideas para la construcción de las bases de una Patria desarrollada y fuerte.

Complementamos ese tomo con varios escritos en los que Valle plasmó su visión sobre la educación —pilar fundamental de las naciones grandes—, el papel de los maestros y la libertad de imprenta, entre otros.

"Yo no cesaré de decirlo: la justicia es la única que hace felices a las naciones y duraderos a sus gobiernos; la justicia es el cimento de mármol sobre el cual debe levantarse el edificio grande de las sociedades políticas".

A once años de cumplirse los doscientos años del fallecimiento de Valle, es doloroso que la Casa de la Justicia en Honduras sea, como dijo el poeta Roberto Sosa, "un templo de encantadores de serpientes".

En este libro, el Sabio también insiste en el papel clave que juega la educación para que una nación logre romper con el atraso y comience su camino por la senda del desarrollo.

Y escribe: "La ilustración es el origen del bien. La ignorancia es el origen del mal. En el centro de la riqueza, la América ha sido pobre porque ha sido ignorante. En medio de la pobreza, la Europa es rica porque es ilustrada".

En la primera parte de este libro, Valle expone sus ideas sobre la independencia, las mujeres ("El despotismo no respeta sexos ni edades. Es una bestia famélica que devora los tallos más tiernos; las cortezas más duras y las flores más bellas"), la libertad de imprenta, los peligros del poder, los libros, la iluminación y la sabiduría.

"En la escala de los seres, el hombre es el primero. En la escala de los hombres, el sabio es el más grande", razonaba. Y agregaba: "El sabio es el que más se aproxima a la Divinidad: el que da honor a la especie y luces a la tierra".

La segunda parte de esta obra es un largo, como inspirador ensayo, titulado Memoria sobre la Educación.

En él, Valle da su visión sobre la educación. Estas ideas deben ser una lectura obligatoria para quienes gobiernan y legislan. Otra sería nuestra suerte si la educación en Honduras fuese como el Prócer la soñó.

Las leyes que embarazan, obstruyen o contrarían injustamente el desarrollo o ejercicio libre de las facultades del hombre, producen su ignorancia, pobreza y corrupción —escribe Valle en Memoria de sobre la Educación.

"El Valle que soñó con la unidas de Nuestra América es siempre vigente, lo mismo aquel otro que aconsejaba a los estadistas dirigir a sus países con la mentalidad precisa de los matemáticos. Lástima que nuestros políticos y gobernantes, en su mayoría, jamás se hayan dignado en leerlo", escribe mi tío en su libro.

Que esta obra sirva para que todos nos pongamos al día y descubramos a uno de los mayores hombres en la historia del continente.

Óscar Flores López
Tegucigalpa, mayo de 2024

XXX

SOÑABA EL ABAD DE SAN PEDRO Y YO TAMBIÉN SÉ SOÑAR

La América estaba dividida en dos zonas contrarias entre sí, oscura la una como la esclavitud, luminosa la otra como la libertad.

Nueva España, Guatemala, San Salvador, Comayagua, León y Panamá formaban una extensión inmensa de territorio sometido al Gobierno español. El nuevo reino de Granada, Santa Fe, Caracas, Buenos Aires y Chile, formaban un espacio dilatado de tierra libre e independiente.

Si en el antiguo mundo los países septentrionales eran el suelo de la libertad, en el nuevo los australes fueron la tierra venturosa donde brotó primero.

(No hablo de toda la América. Hablo de lo que se llama América Española).

El Sur se cubría de sangre por defender sus derechos; y el Norte mandaba millones al gobierno que intentaba sofocar aquellos derechos.

No hubo simultaneidad en la causa justísima de nuestra independencia; y esta falta grave aumentó las fuerzas de España, entorpeció la marcha de América; y fue origen de males que llora el amigo de los hombres.

La unidad de tiempo es en los grandes planes la que multiplica la fuerza y asegura el suceso; la que hace que dos tengan más poder que un millón. Cien mil fuerzas obrando en períodos distintos sólo obran como una. Diez fuerzas obrando simultáneamente obran como diez.

No marchó la América con el plan que exigía la magnitud de su causa. Lo que hace derramar más lágrimas: lo que penetra más la sensibilidad: lo que más horroriza a la naturaleza es lo que se vio en los países más hermoseados por ella. Sangre y revoluciones son los sucesos que refiere la Historia; muerte y horrores son los hechos de sus anales.

La pluma se resiste a escribirlos: la memoria se niega a recordarlos…Volvamos los ojos a lo futuro. Ya está proclamada la independencia en casi toda la América, ya llegamos a esa altura importante de nuestra marcha política; ya es acorde en el punto primero la voluntad de los americanos. Pero esta identidad de sentimiento no produciría los efectos de que es capaz, si continuaran aisladas las provincias de América sin acercar sus relaciones, y apretar los vínculos que deben unirlas.

Separadas unas de otras, siendo colocadas en un mismo hemisferio, el Mediodía no existe para el Norte, y el Centro parece extranjero para el Sur y el Septentrión.

(Hablo del Istmo de Panamá del cual no sabemos si ha pronunciado su independencia).

El reposo de las unas, no es un bien para las otras; las luces de aquellas no son una felicidad para éstas. Chile ignora el estado de Nueva España; y Guatemala no sabe la posición de Colombia.

La América se dilata por todas las zonas, pero forma un solo continente. Los americanos están diseminados por todos los climas; pero deben formar una familia.

Si la Europa sabe juntarse en Congreso cuando la llaman a la unión cuestiones de alta importancia, la América ¿no sabrá unirse en cortes cuando la necesidad de ser, o el interés de existencia más grande la obliga a congregarse?

Oíd, americanos, mis deseos. Los inspira el amor a la América que es vuestra cara patria y mi digna cuna.

Yo quisiera:

1°. Que en la Provincia de Costa Rica o de León, se formarse un Congreso General, más espectable que el de Viena, más interesante que las dietas donde se combinan los intereses de los funcionarios y no los derechos de los pueblos.

2°. Que cada provincia de una y otra América mandase para formarlo sus Diputados o representantes con plenos poderes para los asuntos grandes que deben ser el objeto de su reunión.

3°. Que los Diputados llevasen el estado político, económico, fiscal y militar de sus provincias respectivas, para formar con la suma de todos el general de toda la América.

4°. Que unidos los Diputados y reconocidos sus poderes se ocupasen en la resolución de este problema: trazar el plan más útil para que ninguna provincia de América sea presa de invasores externos, ni víctima de divisiones intestinas.

5°. Que resuelto este primer problema trabajasen en la resolución del segundo: Formar el plan más eficaz para elevar las provincias de América al grado de riqueza y poder a que pueden subir.

6°. Que fijándose en estos objetos formasen: 1°. La federación grande que debe unir a todos los Estados de América; 2°. El plan económico que debe enriquecerlos.

7°. Que para llenar lo primero se celebrase el pacto solemne de socorrerse unos a otros todos los Estados en las invasiones exteriores y divisiones intestinas; que se designase el contingente de hombres y dinero con que debiese contribuir cada uno al socorro del que fuese atacado o dividido; y para alejar toda sospecha de opresión, en el caso de guerra intestina, la fuerza que mandasen los demás Estados para sofocarla, se limitase únicamente a hacer que las diferencias se decidiesen pacíficamente por las Cortes respectivas de las provincias divididas, y obligarlas a respetar la decisión de las Cortes.

8°. Que para lograr lo segundo se tomasen las medidas, y se formase el tratado general del comercio en todos los Estados de América, distinguiendo siempre con protección más liberal el giro recíproco de unos con otros, y procurando la creación y fomento de la marina que necesita una parte del globo separado por mares de las otras.

Congregados para tratar estos asuntos los representantes de todas las provincias de América ¡qué espectáculo tan grande presentarían en un Congreso no visto jamás en los siglos, no formado nunca en el antiguo mundo, ni soñado antes en el nuevo!

No es posible enumerar los bienes que produciría. La imaginación más potente se pierde desenvolviendo unas de otras sucesivamente todas las consecuencias que se pueden deducir.

Se crearía un poder que, uniendo las fuerzas de 14 ó 15 millones de individuos haría a la América superior a toda agresión; daría a los Estados débiles la potencia de los fuertes; y prevendría las divisiones intestinas de los pueblos sabiendo éstos que existía una federación calculada para sofocarlas.

Se formaría un foco de luz que, iluminando la causa general de la América, enseñaría a sostenerla con todos los conocimientos que exigen sus grandes intereses.

Se derramarían desde un centro a todas las extremidades del Continente las luces necesarias para que cada provincia conociese su posición comparada con las demás, sus recursos e intereses, sus fuerzas y riquezas.

Se unirían sabios que, teniendo a la vista el mapa económico y político de cada provincia, podrían meditar planes y discurrir medidas de bien para todas las provincias en particular y para la América en general.

Se estrecharían las relaciones de los americanos unidos por el lazo grande de un Congreso común, aprenderían a identificar sus intereses; y formarían a la letra una sola y grande familia.

Se comenzaría a crear el sistema americano o la colección ordenada de principios que deben formar la conducta política de la América ahora que empieza a subir la escala que debe colocarla un día al lado de la Europa, que tiene su sistema y ha sabido elevarse sobre todas las partes del globo.

La América entonces: la América, mi patria y la de mis dignos amigos, sería al fin lo que es preciso que llegue a ser: grande como el continente por donde se dilata, rica como el oro que hay en su seno; majestuosa como los Andes que la elevan y engrandecen.

¡Oh Patria cara donde nacieron los seres que más amo! Tus derechos son los míos, los de mis amigos y mis paisanos. Yo juro sostenerlos mientras viva. Yo juro decir cuando muera: Hijos: defended a la América.

Recibe, Patria amada, este juramento. Lo hago en estas tierras que el despotismo tenía incultas y la libertad hará florecer.

Cuando no era libre, mi alma, nacida para serlo, buscaba ciencias que la distrajesen, lecturas que la alegrasen. Vagaba por las plantas; estudiaba esqueletos; medía triángulos; o se entretenía en fósiles.

En este suelo nací: este suelo es nuestra Patria. ¿Será el patriotismo un delito?

INDEPENDENCIA

Siendo públicos e indudables los deseos de independencia del gobierno Español que por escrito y de palabra ha manifestado el pueblo de esta Capital; recibidos por el último correo diversos oficios de los Ayuntamientos Constitucionales de Ciudad Real, Comitán y Tuxtla en que comunican haber proclamado y jurado dicha Independencia, y excitan a que se haga lo mismo en esta Ciudad, siendo positivo que han circulado iguales oficios a otros Ayuntamientos, determinado de acuerdo con la diputación provincial que para tratar de asunto tan grave se reuniesen en uno de los salones de este Palacio la misma diputación provincial, el Ilustrísimo Señor Arzobispo, los señores individuos diputados, la Excelentísima Audiencia territorial, el venerable Sr. Deán y Cabildo Eclesiástico, el Excelentísimo Ayuntamiento, el M.I. Claustro, el que Consulado y M. I. Colegio de Abogados, los Prelados regulares, Jefes y funcionarios públicos, congregados todos en el mismo salón, leídos los oficios expresados, discutido y meditado detenidamente el asunto, y oído el clamor de Viva la Independencia que repetía de continuo el pueblo que se veía reunido en las calles, plaza, patio, corredores, y antesala de este Palacio se acordó por esta Diputación e individuos del Excelentísimo Ayuntamiento: Que siendo la Independencia del gobierno Español, la voluntad general del pueblo de Guatemala, y sin perjuicio de lo que determine sobre ella el Congreso que debe formarse, el Señor Jefe Político la mande publicar para prevenir las consecuencias que serían temibles en el caso de que la proclamase de hecho el mismo pueblo...

Que el Señor Jefe Político Brigadier D. Gabino Gaínza, continúe con el Gobierno Superior Político y Militar, y para que éste tenga el carácter que parece propio de las circunstancias, se forme una Junta Provisional consultiva, compuesta de los Señores individuos actuales de esta Diputación Provincial, y de los señores D. Miguel de Larreinaga, Ministro de esta Audiencia, D. José del Valle, Auditor de Guerra, Marqués de Aycinena, Dr. José Valdez, Tesorero de esta Santa Iglesia, Dr. D. Ángel María Candina y Licenciado D. Antonio Robles,

Alcalde 30, constitucional, el primero por la Provincia de León, el segundo por la de Comayagua, el tercero por Quezaltenango, el cuarto por Sololá y Chimaltenango, el quinto por Sonsonate y el sexto por Ciudad Real de Chiapa.

Que la religión católica, que hemos profesado en los siglos anteriores y profesaremos en los sucesivos, se conserve pura e inalterable, manteniendo vivo el espíritu de religiosidad que ha distinguido siempre a Guatemala, respetando a los Ministros eclesiásticos seculares y regulares, y protegiéndoles en sus personas y propiedades.

Que el señor Jefe Político publique un manifiesto haciendo notorios a la faz de todos los sentimientos generales del Pueblo, la opinión de las autoridades y corporaciones, las medidas de este gobierno, las causas y circunstancias que lo decidieron a prestar en manos del Señor Alcalde Primero, a pedimento del Pueblo, el juramento de independencia y fidelidad al Gobierno americano que se establezca.

Que el Excelentísimo Ayuntamiento acuerde la acuñación de una medalla que perpetue en los siglos la memoria del día quince de septiembre de mil ochocientos veinte y uno, en que proclamó su feliz independencia.

Que imprimiéndose esta carta, y el manifiesto expresado se circule a las Excelentísimas Diputaciones provinciales, Ayuntamientos constitucionales, y demás autoridades eclesiásticas, regulares, seculares y militares para que siendo acordes en los mismos sentimientos que ha manifestado este Pueblo se sirvan obrar con arreglo a todo lo expuesto.

Que se cante el día que designe el Señor Jefe Político una misa solemne de gracias con asistencia de la Junta Provisional, de todas las autoridades, corporaciones, y Jefes, haciéndose salvas de artillería, y tres días de iluminación,

Comunicada el acta precedente a los Señores D. Miguel Larreinaga, D. José del Valle, Marqués de Aycinena, D. José Valdés, Licenciado D. Antonio Robles y Doctor D. Ángel María Candina; y habiendo concurrido a prestar el juramento acordado, lo hicieron efectivamente..

Resonó en la Nueva España la voz de independencia y los ecos se oyeron al momento en Guatemala; se encendió entonces el deseo que jamás se había apagado, pero los guatemaltecos pacíficos siempre y tranquilos, esperaban que los de México llegasen a su último término. Duró meses esta expectativa; pero la energía de los sentimientos crece en proporción. Las noticias de Nueva España la aumentaban a cada correo. Se movió Oaxaca y el movimiento pasó a Chiapa, que es en contacto con ella. Era natural que se comunicase a todas las provincias, porque en todas ellas es una la voluntad, uno el deseo. Mantenerse indiferentes era quedarse aislados, exponerse a divisiones funestas, cortar relaciones y sufrir todos los riesgos. Este discurso de los hijos de Guatemala produjo los efectos del rayo. Abrasó los pechos, encendió los deseos, y el Gobierno, espectador de ellos, consultó al instante a la Excelentísima Diputación Provincial llevando a su vista los papeles oficiales de Chiapa.

El pueblo no fue indiferente a un acento que era suyo. Se reunió en torno de Palacio, en la calle, en la plaza, en el portal, en el atrio, en el corredor y antesala. Manifestó la moderación que le ha distinguido siempre, pero acreditó que sabe amar su causa y celebrar sus intereses.

Cuando algunos funcionarios, sin resistir la independencia, decían solamente que se esperase el resultado final de México, un murmullo sordo, pero perceptible, indicaba la desaprobación. Cuando los prelados u otros empleados manifestaban que la voz de Guatemala es la de América y que era preciso atender sus acentos, el clamoreo general publicaba los votos de la opinión. Cuando se añadió que la institución de nuevo gobierno y sanción de ley fundamental deben ser obra de los representantes de los pueblos, los "vivas" fueron también señal indudable de la voluntad general.

La independencia absoluta de Guatemala es la base de bronce sobre que debe levantarse su riqueza y prosperidad.

Una nación sometida a otra, será pobre e ignorante. Una nación independiente de las demás, será rica e ilustrada. Si Guatemala quiere ser ilustrada, rica y poderosa, es necesario que sea independiente. Sólo la independencia desarrollará los talentos de sus hijos, sólo la independencia hará germinar las semillas de su riqueza, solo la independencia la elevará al grado a que puede subir. Pero este desarrollo de luces y poder no es obra de un momento, ni resultado de un deseo. En lo político como en lo físico nada se hace de repente. Todo se va formando lentamente. Las peras que hermosean una mesa no son frutos sazonados en un día. Sudó el labrador, limpiando, arando, preparando y sembrando la tierra, comenzaron a desenvolverse los gérmenes tiernos de las plantas, fueron creciendo poco a poco hasta ser después de mucho tiempo árboles robustos; empezó al cabo de años la florescencia, se vieron después los embriones de las frutas, se fueron éstas sazonando poco a poco; y al fin de dilatado tiempo, cuando ya no existe el labrador que sembró las semillas, se ven en madurez las peras que regalan a sus nietos.

El poder de la opinión no es estrepitoso como el de los cañones, no es violento como el de la fuerza. Es pacífico, mesurado y tranquilo.

El poder de la opinión hizo proclamar la independencia en paz y sosiego, sin sangre ni muertes. Que el mismo poder vaya haciendo lo que nos falte sin hostilidad ni persecuciones. Dirijamos la opinión. Ella hará progresos y su potencia será irresistible.

El mundo está en movimiento y no retrogradará. Difundamos luces para que su marcha sea pacífica, y gozaremos entonces los bienes que promete la independencia, sin sufrir los males con que ha afligido a otros países.

Cuando los gobiernos posean la ciencia de tornar útiles a los hombres que no lo son, entonces serán menores las miserias de los pueblos. No es la pena que corta cabezas la que nos hace más felices. Es la que hace laborioso al que no trabaja, la que vuelve moral a quien no lo era, la que torna provechoso al inútil e improductivo.

No hay independencia sin gobierno, no hay gobierno sin hacienda, no hay hacienda sin riqueza, no hay riqueza sin paz y sosiego.

Consolidar la Independencia, darle atención a la hacienda, fomentar los artículos de riqueza, mantener la paz y sosiego de los pueblos, son los objetos que ocupan a nuestro justo y laborioso Gobierno.

La América, invadida por los españoles en el siglo XVI, no había olvidado la memoria de esta agresión, y aplicaba a ella los principios que España publicaba sobre la de los franceses. Veía a la Península ocupada por fuerzas extrañas superiores a las suyas, privada del Rey Legítimo que la mandaba, gobernada primero por juntas creadas en cada una de sus provincias sin título alguno para mandar en las de América; regida después por la Central, compuesta de individuos nombrados por las provinciales que no tenían derecho sobre las americanas; administrada posteriormente por la Regencia formada por la Central, que tampoco lo tenía sobre las del Nuevo Mundo; y dirigida últimamente por las cortes que daban a España, siendo menor su población, el máximum de diputados, y a la América el mínimum, siendo más grande el número de sus habitantes; veía que la Regencia misma hablando a los americanos en uno de sus Manifiestos, confesaba que cerca de tres siglos habían sido oprimidos por el peso del despotismo, veía que los españoles publicaban en diversos impresos los derechos de los pueblos contra la tiranía o despotismo, veía que, restituido el Rey al trono de sus mayores, sus primeros actos habían sido abolir la ley fundamental decretada por las Cortes y arrestar a diversos diputados de sus pueblos, veía que la naturaleza había puesto un inmenso entre el nuevo y el antiguo mundo.

Yo debo ser independiente, dijo el americano en el silencio de toda pasión. La ley fundamental de España es uno de mis títulos. La soberanía reside en la nación, lo que acuerda la mayoría debe ser ley; y la América, que es la mayoría, quiere su independencia. Continentes separados por la naturaleza, deben estarlo por la ley. El gobierno del uno no puede, a distancia tan inmensa, administrar bien al otro. Si España quiere tener el que la administra en el centro mismo de sus pueblos, la América desea también establecer el suyo en el seno de sus provincias. Son iguales los derechos de individuos de una especie. Los títulos del español sobre la América son la fuerza con que la conquistó, y la bula en que el Papa se la donó. La fuerza no es derecho, y no puede regalar mundo el Vicario de quien dijo: "Mi reino no es de este mundo".

Independencia era voz encantadora que ofrecía a todos esperanzas lisonjeras. Prometía: a los pueblos el beneficio de ser ellos mismos los que constituyesen las formas de sus gobiernos; a las clases elevadas, los primeros empleos del Estado, y a las inferiores la abolición de las leyes que las degradaban y la aperción de las puertas del honor; a los eclesiásticos, las prelacías, dignidades, prebendas y beneficios sin partirlos con los españoles, a los comerciantes, la libertad de abrir relaciones con todas las plazas del mundo, llevar a ellas los frutos y recibir de las mismas sus mercaderías; a los labradores, la ventaja de dar valor más grande a los productos de la tierra, extendiéndose el comercio y multiplicándose los compradores; a los hombres de talento, el derecho de cultivarlo libremente entrando en correspondencia con los sabios de Europa, luciendo sus más eminentes producciones, viajando por el Antiguo u oyendo a los viajeros del Nuevo.

Todos los intereses de todo género esperaban bienes de la independencia. Llegó a haber espíritu general, y el espíritu público siempre triunfa en todos tiempos y lugares. Los caraqueños, en 19 de abril; los bonairinos, en 25 de Mayo; los bogotanos, en 20 de julio; los mexicanos, en 14 y los chilenos, en 18 de septiembre de 1810, empezaron a pronunciar acentos de libertad. El movimiento del Norte y del Mediodía era preciso que se comunicase al Centro.

La América es una masa compuesta de los mismos elementos, sometida a la misma suerte, llamada a los mismos destinos. España dio leyes a la América. Las leyes de España han regido a la América por espacio de tres siglos; y la América, porción la más vasta y fecunda de la tierra, es una de las partes más atrasadas del globo.

Este hecho solo depondría contra la legislación dada a la América por España: esto solo justificaría a los ojos de todos los gobiernos la independencia proclamada por la América.

Tres siglos, dice el paciente americano y volviéndose a España, hemos observado las leyes que nos has dado: tres siglos hemos esperado la felicidad que nos prometiste cuando aboliendo los gobiernos de las Indias nos ofreciste otro más liberal y justo. Otros pueblos han sufrido menor espacio de tiempo. Un siglo solamente; la mitad de un siglo ha bastado para que mudasen el gobierno que en aquel tiempo no había podido hacerlos felices.

Nosotros hemos tenido paciencia más grande. Al fin de terminar un reinado esperábamos nuestra felicidad del siguiente: al terminar un siglo nos prometíamos venturas del que sucedía. Las esperanzas han sido burladas. El país de la riqueza es pobre: la naturaleza más bella es bruta, el indio que antes de descubrirse la América elevó a imperios grandes los de El Perú y Nueva España es ahora después de aquella época una autómata infeliz, sensible solo para sufrir.

Es preciso que España y la América sean Estados independientes: es preciso que la una no oponga obstáculos al desarrollo de la otra. Los españoles que amen a la Península y se interesen en su felicidad, deben proteger nuestra independencia. La Península ha retrocedido desde la conquista, la América no ha avanzado los espacios que podría adelantar, las dos son infelices; y la infelicidad de ambas atesta las imperfecciones de su legislación.

No hubo simultaneidad en la causa justísima de nuestra independencia; y esta falta grave aumentó las fuerzas de España; entorpeció la marcha de América, y fue origen de males que llora el amigo de los hombres.

Unión, Independencia, Constitución. Estos deben ser los objetos primeros del pensamiento. Escribid, americanos, hijos de este grande y hermoso continente. La pluma del sabio, el compás del geómetra y la espada del militar deben ser para la patria. Todos nacen ciudadanos, todos tienen las obligaciones de este título, y ninguno es exento de ellas meditando en el gabinete, orando en el coro, campo, o viviendo en el cuartel. Esta grande mitad de la tierra no puede ser iluminada sin cantidad grande de luces. Los indios, que forman el máximum de la población, son todavía, después de tres siglos, tan incultos como quería que fuesen la legislación que los regía. Las otras clases no poseen aún todos los principios que deben hacer su felicidad, y las ciencias bienhechoras son todavía ignoradas, o no poseídas en su totalidad. Escribid, americanos dignos de iluminar la tierra. Si el hijo de la Europa piensa noche y día en los intereses de su Patria, el hijo de la América ¿será indiferente a los derechos de la suya?

Observando la naturaleza y estudiando la historia, se descubre una verdad importante para los legisladores que dictan leyes y los pueblos que las obedecen.

El hombre ama su bien; y las naciones son sociedades de hombres. La independencia es un bien; y en toda nación debe suponerse la voluntad de ser independiente.

Si el amor al bien es en el hombre una consecuencia preciosa de su organización, el amor a la independencia es a las naciones el resultado necesario de su formación. El axioma de quien dijese que hay naciones que no quieren ser independientes, sería tan falso como el de quien afirmase que hay cuerpos que no tienden al centro general de gravedad.

Prueba que el Creador del mundo ha variado sus leyes: que el Autor de la naturaleza ha mudado la del hombre; que los pueblos no aman su bien, si queréis que crea que hay naciones que no aman su independencia.

Las palabras, escritas o pronunciadas, no son siempre expresión de la voluntad. El miedo, la fuerza, la adulación, el error, la ignorancia, hacen a ocasiones proferir lo que no se quiere. Yo no busco la voluntad de los pueblos en discursos que pueden ser mentirosos o equivocados. La busco en las leyes de la naturaleza, siempre constantes y dignas del legislador que las dictó. En ella es donde la veo escrita con caracteres que jamás me llevan al error,

Si un pueblo me dijera que quería ser esclavo, diría que era un pueblo mentiroso. No es en caso alguno una voluntad libre la que quiere esclavitud. Quita el peso que oprime a un cuerpo elástico, y verás desenvolverse resortes. Quita la fuerza que amenaza una nación, y la verás proclamar su libertad.

Las naciones que han existido sujetas a otras naciones lo han sido unas por la fuerza de la conquista, otras por las artes del talento que divide para debilitar, otras por los matrimonios, ventas, legados o donaciones de los que las dominan y creían propiedad disponible a su placer.

No hay memoria de ninguna que de grado y por voluntad libre se haya sometido a otra. Yo presento la historia de todas las naciones, y en ninguna se encontrará prueba contraria. Todas sienten el valor de su independencia: todas conocen el precio de su libertad; y no es posible que espontáneamente quieran renunciar bienes tan grandes,

Cuando una nación ha sido sometida a otra más fuerte, este hecho solo basta a quien sepa pensar. Sin buscar otros datos conocerá que no ha habido la libertad necesaria en el acto en que era más precisa. Todas las naciones repugnan la sujeción a otra: todas quieren tener en su mismo seno el gobierno que ha de regirlas. Es sentimiento inspirado por la naturaleza: es ley del Autor supremo de las sociedades políticas.

La Holanda no quiso ser administrada por el gobierno español: se proclamó independiente, y creó su dieta general. Portugal repugnó la sujeción a Castilla primero yo al Brasil. después; pronunció su independencia y estableció cortes en Lisboa. La Norte-América resistió estar sujeta a Inglaterra; se declaró independiente, e instaló el Congreso que le dicta leyes. México vio con horror su dependencia de Madrid; luchó años por su emancipación, y estableció al fin sus cortes.

Los hijos del Guatemala no son de clase o género distinto. Corresponden a la misma especie a que pertenecen los de México, Washington, Lisboa y Amsterdam: tienen la misma organización que los demás hombres: han recibido de la naturaleza los mismos sentimientos.

Pero la diferencia de gastos es tan grande como el salto que hemos dado. Pagar los sueldos de un Capitán General, una audiencia, cuatro intendentes, un gobernador, dos corregidores, ocho alcaldes mayores, una Secretaría de Gobierno y tres oficinas de cámara, no es lo mismo que cubrir los de una asamblea, un poder ejecutivo, un senado, una alta corte de justicia, cinco congresos, cinco comandantes generales, cinco intendentes, treinta secretarías y cinco oficinas de las cortes territoriales.

El Gobierno, que ha visto la Hacienda Pública como la base primera de nuestra independencia, mandó formar muchos días a un estado demostrativo de la diferencia de gastos. Su vista manifiesta el aumento grande que tienen, y en tales circunstancias, creados nuevos empleos y multiplicados por ellos los egresos, no dicta la razón que se disminuyan los ingresos aboliendo o mutilando las rentas. Dicta por el contrario que se conserven y mejoren las que tenemos.

Ya cesó la de bulas, ya no existe la de quintos, ya se abolió la de tributos, ya se quitó la de medias anatas seculares, ya se redujeron a un tercio menos las de correos y alcabala interior. Si a más de esto se destruyera la de tabacos, este golpe pudiera ser funesto contra nuestra independencia. Sería al menos difícil la existencia del Gobierno que la sostiene, y quedaríamos expuestos a los peligros de un sistema que careciese de rentas para conservarse.

Guatemala, provincia de la antigua España primero, y, de la nueva después, ha sufrido suerte más triste que las demás de este este continente. Pronunció al fin su justa independencia. y se elevó al rango de nación, Subieron a nacionales los gastos que eran provinciales: la hacienda, creada para erogaciones de gobierno subalterno, no puede ser de repente capaz de ocurrir a las de un gobierno supremo: la agricultura que podía ser en nuestro suelo una de las más avanzadas, y el comercio que en nuestra posición central debía ser el más floreciente, son ramos de industria más atrasados que en otras naciones de América: la minería no ha hecho progresos tan grandes como los hizo en tiempos anteriores en México y el Perú: los labradores y comerciantes, sacrificados cerca de tres siglos a los intereses de Sevilla primero, y de Cádiz después, no se hallan en potencia de hacer todas las anticipaciones que exige el tránsito de colonia subalterna a nación independiente; y el pueblo, gobernado igual espacio de tiempo por el sistema colonial que le tenía en pobreza y miseria, tampoco podría sufrir contribuciones muy fuertes, ni sería posible que su exacción diese productos considerables y prontos.

Guatemala en la alternativa sensible de retroceder a colonia esclava o erogar los gastos de nación libre, debe hacer lo que han hecho y están haciendo otras naciones de América: sufrir el menor mal para evitar el mayor.

El precio de su independencia es inmenso: los bienes que le promete un gobierno obra de ella misma, establecido en su mismo seno, no pueden calcularse, Debemos sostener la primera: debemos conservar el segundo: debemos hacer los gastos que exigen la defensa de la una y la conservación del otro.

La independencia nos ha puesto en las manos nuestros destinos. Si obramos con juicio: si somos prudentes: si superiores a las miras bajas del interés individual, pensamos solamente en el general de los pueblos, no lo dudemos: nuestra patria será feliz, y sus hijos ricos, ilustrados y poderosos.

Una nación sometida a otra debe ponerse en estado de defensa desde el momento en que se pronuncia independiente. Las naciones son cuerpos elásticos. La acción de unas hace temer la reacción de otras; y la dominación es sentimiento tan dulce, que probado una vez quiere a ocasiones un pueblo seguir gustando de él.

El día 22 de noviembre de 1526 hollaron los españoles los derechos de Guatemala, y el día 22 de noviembre de 1824 se firmó la carta fundamental de los fueros y libertades de Guatemala.

Ved aquí cumplida la ley de la naturaleza que lleva a la independencia a las sociedades políticas, como la gravitación lleva al centro de la tierra a los seres físicos.

Después de 295 años de sujeción al Gobierno de la antigua España, después de 18 meses de subordinación al de la nueva, la nación guatemalana proclamó sus justos derechos.

…que no salgan de nuestros labios discursos propios solamente de bocas que no formó jamás la educación, o de hombres que no ven la libertad sino en las revoluciones y trastornos, de hombres que creen idioma propio de monarcas absolutos el hablar del orden preciso para gozar de nuestra independencia, de hombres que llaman sepulcral la paz y tranquilidad necesarias para no destruirnos unos a otros y ser al fin presa de aventureros o invasores extraños.

La revolución heroica de España hizo proclamar derechos y derramar luces que se difundieron por la América. Las naciones del nuevo mundo empezaron a proclamar el primero de sus fueros, los pueblos pronunciaron su independencia y el de Guatemala hizo resonar la misma voz.

Comenzó entonces la libertad (que debe ser moderada por la ley) de leer, escribir y publicar pensamientos. Las primeras luces dieron a conocer toda la obscuridad densa de la noche en que se había vivido; se vieron más claros todos los males de las tinieblas, se sintió toda la necesidad de la ilustración, y la América que en su inmensa extensión apenas contaba ochos o diez gacetas formadas para perpetuar su esclavitud, empezó a ver periódicos de diverso género publicados para ilustrarla en sus derechos y afirmarla en sus fueros.

Cada nación americana ve multiplicarse los suyos. Ya no es el nuevo mundo un desierto vasto donde no se sabe el verdadero estado del antiguo. Merced a las comunicaciones cada día más rápidas por la libertad del comercio, el americano sabe las opiniones del europeo, penetra sus pensamientos, observa sus pasos, tiene noticia de sus inventos, y puede aprovecharse de sus progresos.

La identidad de intereses hizo que desde 1810 comenzase en América a resonar sucesivamente la voz lisonjera: Somos hombres, y por serlo tenemos los mismos derechos que los habitantes de Europa. No es justo que las naciones europeas sean regidas por gobiernos americanos. No es conforme a razón que los pueblos americanos sean administrados por gobiernos europeos.

Esta misma identidad hace que en la misma América se empiece a oír con voz igualmente agradable: Nacimos en un mismo continente: somos hijos de una misma madre: somos hermanos: hablamos el mismo idioma: defendemos una misma causa: somos llamados a iguales destinos. La amistad más cordial: la liga más íntima: la confederación más estrecha debe unir a todas las Repúblicas del Nuevo Mundo.

No era Inglaterra la que debía declarar si la Norteamérica tenía capacidad para ser independiente. Eran los mismos norteamericanos los que debían hacer aquella declaratoria. No es España la que debe examinar si en México hay aptitud bastante para llevar adelante el proyecto de su emancipación. Son los mismos mexicanos los que deben hacer aquel examen. No es México la que debe calificar si en la República de Centro América hay elementos para ser soberana. Son los mismos centroamericanos los que deben hacer la calificación.

Si la libertad de una nación dependiera del examen que hiciese sobre sus elementos aquella a que hubiese estado sujeta, ninguna sería libre en el mundo. Todas continuarían esclavas porque jamás llegaría el caso de que aquella a que estuviesen sometidas las declarase en aptitud de cesar de serlo. La América hace progresos en su independencia, y España dice sin embargo que la América se halla dos siglos distante del estado que debe tener para ser independiente.

Una nación sometida a otra es preciso que sea ignorante y pobre. Tiene interés en su ignorancia y pobreza aquella a cuyo gobierno está sujeta. Sabe la nación dominadora que la dominada cesará de serlo al momento que conozca sus derechos y tenga recursos. Trabaja por este motivo para que sea ignorante; trabaja para que sea pobre y miserable.

Cuando se pasa de un sistema a otro de gobierno puede suceder que se turbe el orden y siga la anarquía al reposo y tranquilidad. Pero ese temor no debe ser causa para sacrificar los derechos de una nación haciéndola esclava de otra. ¿Qué Pueblo sería independiente en América si debería sujetarse a su vecino por el miedo de que al salto de un gobierno a otro peligren las propiedades y se hundan revoluciones?, Chile, Buenos Aires, Perú, Colombia y México pasaron del estado humilde de provincias de España al rango elevado naciones soberanas, y en todas ellas se derramó más sangre que en Guatemala, ¿Debieron por eso sujetarse Chile a Buenos Aires, el Perú a Colombia, y México a los Estados Unidos?.

Cuando se tema alteración en el orden, se indagan las causas que pueden ocasionarla, se examina cuál es la injusticia primitiva que produce el disgusto general, y se corrige esa injusticia. Pero no se piensa en privar a una nación de su independencia y soberanía: no se piensa en hacerla provincia degradada de otra. Esto no sería justo, ni habría derecho para legitimarlo.

Los intereses de los Estados son los resortes que mueven o a sus gobiernos. Cuando hay choque en aquellos intereses: cuando el gobierno que recibe tiene miras sobre la nación que envía a un agente diplomático, la aceptación de éste, siendo decidido por la causa de su república, sería menor que la de otro que no tuviese igual decisión por los derechos de su patria. ¿Cuál sería en España la aceptación de un plenipotenciario de América penetrado de la justicia del nuevo mundo, y defensor celoso de sus fueros?

No estamos felizmente en caso tan triste. Los Gobiernos de Colombia y México han reconocido en la forma más solemne nuestra absoluta independencia. Saben que la de esta república está fundada en los mismos títulos que aquellas; y no ignoran que si el colombiano o el mexicano puede decir: Soy independiente y libre; el centroamericano tiene también derecho para publicar: Yo tampoco soy dependiente ni esclavo.

Todas las naciones de América quieren serlo de España. Es indudable su voluntad; y sin embargo de serlo, ¿los gobiernos, los escritores y los periodistas no procuran siempre mantenerla despierta? ¿Permiten alguna vez que sea adormecida? ¿No la llaman a cualquiera suceso o noticia digna de ella? ¿No la tienen de continuo en acción? ¿Y no es justo que la tengan siempre vigilante?

La independencia de una nación se consolida interesando en su justa causa a los individuos que la componen. Cuando el interés los une en derredor del nuevo sistema, cuando están acordes en las bases primeras de su felicidad, cuando hay identidad de sentimientos y opiniones, la marcha de un pueblo es rápida y tranquila, de todas las voluntades individuales se forma una masa de voluntad general, cada ciudadano es un soldado o un orador de la patria, la República tiene respetabilidad, ninguno se atreve a calcular su sacrificio o especular sobre su ruina.

Cuando no hay armonía en los puntos fundamentales, cuando la divergencia de pensamientos y deseos llega al grado de no poder desconocerse; cuando no hay unidad aún en lo primero en que debe haberla, los resultados son debe muy diversos, las consecuencias muy distintas, las perspectivas muy tristes.

Fuimos cerca de tres siglos dependientes de España, estuvimos algún tiempo vergonzosamente sujetos a México, el gobierno republicano no agrada al sistema o liga que se ha formado en Europa para que en todo el globo no haya más que monarquías; las instituciones que hemos adoptado es regular que disgusten a diversas personas.

Debemos suponer que hay y enemigos interiores en el seno de la República y enemigos exteriores fuera de ella. Debemos impedir las relaciones secretas entre unos y otros. Debemos evitar que los primeros pidan a los segundos los auxilios que no podrían encontrar en una nación decidida a sostener su independencia e integridad.

Acaban de nacer las repúblicas del nuevo mundo. Ahora empiezan a ser Estados independientes los que antes eran provincias sometidas a España. Todavía no se han cruzado unas con otras las que se llamaban castas, todavía no se han fundido en un molde los cerebros, todavía no ha desaparecido la diversidad de educaciones recibidas, todavía no se han difundido los principios que son como una lengua universal que aproxima a la uniformidad, todavía se habla un idioma por unos y otro por otros; todavía hay diversidad de fisonomías y colores. La opinión trabaja para poner acordes a los americanos en todos los puntos en que debe haber armonía. Pero antes de concluir su obra, ¿podemos suponer que la haya en los asuntos en que es más difícil que exista?

Diez y seis años hace que la América empezó a pronunciar su independencia. No hay hasta ahora noticia alguna de concordato con la Santa Sede, dirigida por León XII; son graves los daños sufridos: serán mayores cada día, y las influencias de la santa Alianza son la causa principal de ellos.

Han sido grandes los pasos que se han da dado en el nuevo mundo. En 1809 la América era de España; y en 1826 no tiene España un solo punto en América. No está, sin embargo de esto, reconocida su independencia. Sucede a las naciones lo mismo que a los individuos. Cuando una persona sale de la clase ínfima en que se hallaba y sube a otra superior, se le desdeña al principio, se le desprecia, y no tiene consideración hasta que el tiempo varía las cosas y acostumbra a verle en el rango que ocupa.

Ninguna potencia daba a la América el que se merece cuando empezó a salir de la nada a que se viera reducida. Ha ido corriendo el tiempo; y las consideraciones son ya muy diversas.

La marcha del gobierno español manifiesta que no está todavía decidido a reconocer la justicia. El último que confiesa una verdad es el que tiene más interés en que no exista, o sea ignorada. La santa alianza que es la causa principal de todo no ha variado su odioso sistema.

Cada palmo de tierra que puede producir riquezas, y no las produce por falta de brazos labradores es una pérdida para las naciones de América. Pero cada colonia que se establezca en él les puede hacer daño o provecho según la naturaleza de las condiciones y el total de las circunstancias. La colonización puede ser un bien inmenso o un mal infinito. A la prudencia legislativa corresponde resolver el problema. Ella es la que debe arreglar con detenimiento, sin prevenirse ni preocuparse, este ramo importantísimo de legislación.

Una línea muy honda separa al siglo 16 del siglo 19. En el primero se decía por los conquistadores de América el año de 1521 se fundó una ciudad: el de 1524 se levantó otra, etcétera. En el segundo se dice por los libertadores de la misma América: el año de 1811 se erigió una república: el de 1821 se estableció otra etcétera.

Los que saben calcular siglos predijeron lo que ha sucedido. La América se pronunció al fin independiente. No fue la independencia el objeto único de sus deseos. ¿Qué habría adelantado si el gobierno español, inglés o portugués que la regía hubiera sucedido un gobierno despótico?

La América se proclamó independiente con dos objetos: tener en su mismo seno el gobierno que debía dirigirla, y organizarlo de modo que fuese justo y protector de los derechos indudables de los hombres.

Desde que se soltó la voz Independencia debió esperarse que se llegaría por último a dictar la ley que se ha dictado privando a los españoles de los empleos, y desde que se dictó esa ley debe temerse que se llegue a otros términos.

No es inexacta, como dice usted, Miguel González Saravia (jefe político superior de la provincia de Nicaragua y Costa Rica), mi opinión. Es exactísima. La subscriben todos los que conocen al hombre. La repito yo, y podría escribir volúmenes para probarla.

Desde el siglo de la conquista fue natural que hubiese oposición de sentimientos entre americanos y españoles; y que esa oposición produjese acciones y reacciones de una y otra parte. Los americanos se veían subyugados, y los españoles se consideraban dominadores. Aquellos proclamaron su independencia, y éstos la resistieron. Los primeros triunfaron al fin; y los segundos aún después de triunfos de los primeros son hijos de España que no quieren todavía reconocer la independencia. Es conforme a la naturaleza humana que haya desconfianza, y que haga progresos la que existe.

EL SABIO

En la escala de los seres, el hombre es el primero. En la escala de los hombres, el sabio es el más grande.

El sabio es el que más se aproxima a la Divinidad: el que da honor a la especie y luces a la tierra.

El nacimiento de otros hombres es suceso ordinario, que no influye en las sociedades. El nacimiento de un sabio es época en la historia del género humano.

Cantad himnos de gozo, hombres de todos los países. Ya nació el que había de manifestar vuestros derechos y dignidad: el que ha de dar conocimientos a los que son desvalidos porque no los tienen: el que ha de escribir para que los hombres no sean tiranos de los hombres: el que ha de iluminar la oscuridad del África, ilustrar la India y derramar luces sobre nuestra patria.

Tendiendo la vista por toda la tierra, ve el sabio que después de siglos hay todavía salvajes en ella: ve que hay samoyedos y lapones, cafres y hotentotes en el otro continente, omeguas y chaymas, automacuos y guararnos en éste; lacandones y caribes en Guatemala.

El amante de las artes no tiene sentimiento tan profundo viendo manchas en el cuadro más acabado de un genio, como el sabio viendo aquellas hordas en la superficie hermosa del globo.

En el santuario de la sabiduría hace el juramento grande. Oídlo hombres de todas clases. Jura sacrificar a la ilustración general todos los momentos de su existencia: reunir todo lo que se ha pensado desde que hay ciencias en el mundo: añadir a la suma de pensamientos creados en los siglos pretéritos, los que él mismo ha de crear en el de su vida: difundirlos por los cuartos del globo: aumentar las luces en unos, disipar las tinieblas en otros. Es inmenso su trabajo, diarias sus vigilias, sin interrupción sus tareas.

Vedlo cogitabundo y abstraído, investigando y observando, revolviendo en la profundidad de la mente alguna teoría útil o algún pensamiento provechoso. Pide observaciones a todos los individuos y clases: las hace él mismo en uno y otro continente: da vuelta a todo el globo para hacerlas: vela para sorprender a la naturaleza en los momentos en que se deja ver: la forza en otros a descubrir sus secretos: examina todos sus seres: recoge todos sus fenómenos.

Humboldt, el hijo amado de la fortuna, posesor de los dones que ésta regala a sus favoritos, rico y titulado, querido de unos, respetado de otros, sacrificó a las ciencias estos goces pacíficos. Salió del Antiguo al Nuevo Mundo y recorrió las dos Américas durmiendo en playas cubiertas de cocodrilos, internándose en bosques poblados de tigres, pisando las nieves de los Andes, subiendo al Chimborazo y trepando al pico del Orizaba, levantando planos y determinando posiciones para conocer este inmenso continente, para desmentir a los que hacían cuadros horrorosos de esta bella mitad de la tierra, para vindicarnos de las injurias de Paw y de los que decían que los americanos estamos condenados a la ignorancia por el influjo del clima.

Lleno de hechos, rico en observaciones, el sabio se retira a la soledad, porque en la soledad es donde el hombre tiene toda la energía y libertad de su ser: en la soledad es donde el alma, sin pesos que la compriman, se dilata en toda su expansibilidad: en la soledad es donde se produce lo grande, lo perfecto y lo sublime.

Allí medita el sabio: allí desenvuelve sucesivamente todos los siglos; ve en el que precede el germen del que sigue, examina lo presente y se lanza a lo futuro: allí observa la marcha de las sociedades, calcula su movimiento y pronostica su término: allí abraza la naturaleza eterna, y humilde primero en la acumulación de detalles, es sublime después en la teoría general del Universo.

No hay clase que no tenga títulos de gloria en algunos de sus individuos. La que más se desdeña: la que más se desprecia, tiene hijos que admiran con su virtud, o cooperan a la riqueza por su industria. Pero la de los sabios es la que presenta lo más grande, la que hace bien más universal y duradero.

Enorgullécete, hombre, al considerarlo. El sabio es individuo de tu especie; y el sabio ha determinado la figura de la tierra y medido la extensión de su superficie: el sabio ha enumerado la multitud inmensa de seres que la pueblan y señalado los caracteres que los distinguen: el sabio ha dado las dimensiones de los astros que rotan en el espacio: el sabio ha descubierto las fuerzas de la naturaleza y enseñado al hombre el uso de ellas: el sabio ha hablado a los reyes de los derechos de los pueblos: el sabio ha trabajado los códigos más justos de las leyes: el sabio descubre nuevos alimentos, cuando las plagas destruyen los antiguos: el sabio hace llorar al rico y enternece al poderoso; el sabio dirige la opinión pública, y la opinión pública es el tribunal que juzga a los funcionarios.

Si el género humano no es una sociedad de hordas salvajes: si el Asia creó las ciencias útiles y las artes provechosas, y la Europa perfecciona unas y adelanta otras, el sabio es el autor de estas maravillas.

La civilización, lo sublime, lo bello y lo útil, todo ha sido formado o perfeccionado por el sabio. Quitad a los sabios, y la tierra entera será un mundo de horror y un caos de muerte: Casiquiario donde el salvaje comerá dos libras de tierra: África donde el hombre venderá al hombre.

Un ser tan grande es natural que conozca su magnitud: que sienta sus fuerzas: que calcule sus alcances. No es la vanidad la que le ensoberbece. Es la conciencia de su poder la que le hace hablar.

Píndaro, inspirado por el genio que lo eleva sobre sus enemigos, cantaba: Mis palabras están acordes con mis pensamientos. La envidia sólo me merece un desprecio que la humilla. Los gritos del ave tímida y celosa jamás suspenderán el vuelo del águila que se pasea por los aires.

Buffón, lleno de pensamientos sobre toda la creación, inmensos como el Universo, mis pasos, dice, son los de la naturaleza: el orden de mis ideas es el de la sucesión de los tiempos.

El idioma del sabio es augusto; sus palabras parecen de un dios. Dadme un punto, decía Arquímides, y moveré el globo. Dadme materia y movimiento, decía Descartes, y formaré un mundo. Toma los alimentos que recetaré, decía Galeno, y te haré más moderado, más emprendedor o más tímido.

Confesémoslo con noble orgullo. De la boca de los Césares, jamás salieron palabras tan expresivas del poder del hombre, como de los labios del sabio.

El conquistador de Europa pedía cañones para destruir al mundo y el sabio pide materia para hacer otros mundos. Responded, hombres que desdeñáis a los sabios. ¿Quién será más grande, el conquistador o el sabio? ¿Dionisio, tirano de Siracusa, o Arquímides, honor y defensa de su patria?

Filipo maquinando la esclavitud de la Grecia; Alejandro devastando la Persia; César hollando los derechos de Roma, han adquirido el título de héroes.

Sócrates enseñando virtudes a la Grecia; Zoroastro dando moral a la Persia; Cicerón ilustrando a Roma, han merecido el nombre de sabios.

En las nomenclaturas de la vanidad, no hay título de igual precio. Él solo, sin bandas ni medallas, sin oro ni diamantes, manifiesta la grandeza de quien lo merece: él solo es el timbre de su mayor gloria.

Lejos del turbión de los hombres, distante de la sociedad en la misma sociedad, sin ambición de empleos ni deseos de riquezas, ocupado en la ciencia, fijo solamente en ella, el sabio es un ser de paz, que ignora las artes de la intriga, que detesta el mal y quiere el bien.

Suele errar en las teorías que más admira: suele equivocarse en los pensamientos que más asombran. Esta es su pena más escocedora; estos son sus tormentos más vivos.

Trabaja día y noche para no errar: se sacrifica a la meditación, al cálculo y a la observación: consume en las ciencias la vida entera de su ser: desea otras vidas para dedicarlas a las ciencias. ¿Será culpable por haber errado el que trabaja más para no errar? La verdad es el objeto grande de sus inquisiciones. Sólo verdades quisiera presentar. Las busca en la naturaleza entera, en las regiones altas y en los abismos hondos.

No encuentra todas las que busca, a pesar de trabajos, sacrificios y penas. Se equivoca, yerra, se hace ilusión. ¿Será culpa suya enseñar verdades y errores? ¿La hay en el astro de la luz dando noches y días?

Hace más el sabio. Es señor de sí mismo: sabe domar la pasión que domina con más imperio. No olvidéis, siglos, la memoria de sus triunfos. El sabio confiesa sus errores al momento que los conoce.

Saussure hizo catorce viajes a los Alpes: trepó al Etna; subió al Cramont; formó nuevos instrumentos para observar; meditó sistemas; y después de sus trabajos, cuando conoció el vacío de ellos, el mejor sistema, dijo, es no tenerlo.

Si presentando verdades, descubiertas con penas, brilla la sabiduría del filósofo, confesando errores, advertidos con trabajos, triunfa la virtud del sabio. Fenelón es grande haciendo amable la religión: Fenelón es grande enseñando a los reyes; pero Fenelón es superior a sí mismo condenando en Cambray sus pensamientos.

Todo es espectable en el sabio. Son inmensas sus tareas: sublimes sus obras; heroicos sus triunfos.

Si entre los humanos hay seres que merezcan himnos, ¿no es al sabio a quien deben cantarse? ¿no es a los pies de su estatua donde debe oírse la voz del afecto, el acento de la gratitud?

Jóvenes, ved aquí la carrera grande de la gloria. Los cuerpos políticos necesitan almas, y las almas de estos cuerpos deben ser los sabios. El patriotismo ilustrado avanza la causa de la patria: el patriotismo que no lo es la atrasa y la entorpece.

Cultivad las ciencias: trabajad para ser sabios. Pero no esperéis serlo sin alejaros de lo que distrae o embaraza el pensamiento. La sobriedad en todo es el primer elemento de la sabiduría. Un obeso no puede pensar: un sibarita es incapaz de meditaciones profundas. No hay vicio que no arrebate el tiempo a sus víctimas: no hay pasión que no turbe el reposo.

En el seno de la templanza, en la tranquilidad de la virtud es donde se forma el pensador profundo; el sabio grande y sublime. Si buscáis placeres, las ciencias son las fuentes más inagotables. César viendo a Cleopatra: Creso acumulando riquezas no probaron jamás el placer que se goza leyendo el libro de un sabio, observando la naturaleza, o pensando en las sociedades. Si en la misma meditación se ve de repente iluminado lo que antes era tenebroso: si contemplando un objeto se descubren teorías nuevas, o pensamientos originales, entonces... oh, jóvenes no es posible explicar estos momentos de delicias. Afectan todo el ser. Newton queda arrobado; Arquímides sale por las calles publicando su descubrimiento. Las ciencias os llaman, jóvenes: sed dignos de ellas: sed sabios: sed justos: observad primero: reunid hechos: meditad después: escribid al fin, y presentad a la patria las luces a que tiene derecho.

LOS MAESTROS

Los seres que forman el sistema de la naturaleza se mueven según las leyes a que están sometidos; y moviéndose según ellas, llevan a los hombres en su movimiento: los colocan en posiciones diversas y obran sobre ellas con la energía respectiva de sus fuerzas.

Los hombres sienten: piensan y expresan lo que sienten y piensan. Las expresiones son análogas a los pensamientos: los pensamientos son hijos de las sensaciones: las sensaciones son obra de los seres que las producen.

El hombre en los espacios dilatados de la naturaleza tiene sensaciones diversas de las del mismo hombre colocado en el círculo pequeño de un pueblo. El Gobierno de Constantinopla afecta de una manera a los que le sufren; y el Gobierno de Londres penetra de otro modo a los que le gozan.

Una sensación sólo es sentida en toda su intensidad por el que sufre la acción de los seres que la producen: un pensamiento sólo es percibido en toda su extensión por el que tiene la sensación que lo hace nacer: una expresión sólo es entendida en toda su energía por el que concibe el pensamiento de que es imagen.

Para sentir toda la energía de los pensamientos de un inglés es necesario trasladarse a Londres y colocarse en la misma posición que los hizo nacer. Para sentir toda la abyección de los pensamientos de un turco es preciso vivir en Turquía y situarse en las mismas circunstancias que los han producido. Pasando de unos a otros van pareciendo obscuras las expresiones, menos claros los pensamientos, más débiles las sensaciones.

Los pensamientos de un siglo son para otro siglo menos perceptibles que para el mismo en que han nacido. El idioma de una edad es más oscuro para otra edad que para la misma que lo ha formado.

Las Décadas de Livio eran obscuras en la época de inercia y de silencio. Comenzó el movimiento de la América que proclamaba sus derechos: empezó el choque de las clases: empezaron a estrellarse los intereses y a dividirse las opiniones. Un rayo de luz disipó las tinieblas. Se iluminó lo que era oscuro; y vi claro el origen de la discordia entre el pueblo y los patricios, las capitulaciones de los nobles y la plebe, la energía de los tribunos, la política del Senado, la conspiración de Catilina, la ambición de César, el patriotismo de Tulio y la moral de Catón.

La oscuridad es progresiva desde el primero que concibe un pensamiento y forma el idioma que lo expresa hasta el último que estudia el uno y procura entender el otro. A cada siglo se disminuye la luz; y lo que el primero era día claro, en el último parece noche tenebrosa.

Es una la excepción de esta teoría. Cesa la progresión: renace la luz cuando el movimiento de la naturaleza, reproduciendo su marcha, coloca a los hombres en posiciones idénticas o semejantes: cuando los pone en situación igual a la del creador de un sistema o productor de un pensamiento. Si a cada generación renacieran las mismas circunstancias o se produjeran las mismas posiciones, los hombres verían claros los pensamientos y las ciencias serían sistemas luminosos de doctrina. Pero el círculo de la naturaleza es muy grande, y su movimiento no vuelve a los puntos de donde ha partido sino al cabo de años o al fin de los siglos.

Los hombres impelidos a puntos diversos o situaciones distintas van expresando sensaciones y pensamientos diferentes; y la suma de ellos, pequeña en el origen del tiempo, se va aumentando en el progreso sucesivo de las edades.

Un sabio reúne lo que han pensado los hombres: se cree posesor de sus pensamientos, y quiere que lo sean sus semejantes. Toma el carácter de Maestro: resuelve comunicar a la generación presente las luces de las anteriores: desea perpetuar en los tiempos la clase noble de los que ilustran a los pueblos: quiere ser el punto de contacto entre los hombres que han existido en el pasado y los que existen al presente o nacerán en lo futuro: trabaja para que los siglos no estén separados de los siglos. Para que sea uno el tiempo, una la clase que honra más a la especie: la clase que eleva al género humano sobre todos los seres: la clase que hace al hombre señor de la naturaleza.

Es benéfico su deseo: grande su resolución: sublime su objeto. El género humano le debe gratitud: los siglos deben eternizar su memoria. Pero no es posible que haya un Maestro perfecto.

Para que lo hubiera era preciso que el sabio destinado a serlo fuese colocado en las mismas posiciones en que se hubiesen hallado los creadores de las ciencias: que respirase la misma atmósfera, bebiese las mismas aguas y pisase el mismo suelo: que tuviese las mismas sensaciones y hablase el mismo idioma: que hubiese recibido un entendimiento vasto, capaz de abrazar todos los pensamientos de la ciencia, creados en la serie de los siglos: que poseyese el arte de poner tantas ideas en el orden sucesivo de su generación: que supiese el de explicarlas con el mismo método de su filiación o genealogía: que tuviese la potencia o facultad de ir colocando a sus discípulos en las posiciones más análogas para hacerles penetrar los pensamientos: que fuese un Dios, señor de los hombres y de los seres que obran sobre los hombres.

No son divinidades los maestros. Son hombres; y lejos de aproximarse al plan que enseña la razón, lejos de colocar a sus discípulos en las posiciones en que verían más claros los pensamientos, enseñan:

El geógrafo, la ciencia descriptiva de la Tierra lejos de la Tierra:

El astrónomo, la ciencia sublime de los astros lejos de los astros:

El naturalista, la ciencia hermosa de la naturaleza lejos de la naturaleza:

El político, la ciencia importante de los gobiernos lejos de los gobiernos, en el retiro de un colegio o soledad de un claustro.

No es el verdadero objeto de una ciencia el que se enseña en las lecciones de la ciencia. Es un libro, una lámina, un globo de madera, las líneas de una pizarra.

Recorre un joven el círculo de las aulas: sale del colegio; y entra en los pueblos. Todo es nuevo a sus ojos. No sabe cultivar la tierra: no sabe formar un libro de caja: no sabe medir un campo: no sabe determinar la posición de un lugar: no sabe observar un eclipse. Es nulo en la sociedad.

Después de años ocupados en la ciencia de los libros es necesario que emplee otros años en la ciencia de la naturaleza. Se divide la enseñanza que debía ser una: se consumen años que debían economizarse.

El tiempo es precioso: la vida es breve: los jóvenes tienen derechos; y la nación les debe la mejor enseñanza. Si no es posible la perfección, debemos al menos aproximarnos a ella.

Yo quisiera:

1. Que se destruyese el muro levantado entre las teorías abstractas y sus útiles aplicaciones: que no se dividiese en dos ciencias, metafísica y práctica, la que es una sola: que las observaciones o hechos que han servido de base a las ciencias, los principios o consecuencias que se deducen de las relaciones entre los hechos, y las aplicaciones en bien de la sociedad que se hacen de los principios se miren como partes de un solo Todo:

2. Que los maestros antes de recibir este título fuesen examinados no en los colegios o universidades sino en medio de la naturaleza que ofrecen explicar: que a vista de los examinadores mida un campo o calcule una altura el que prometa dar lecciones de geometría: que determine la posición de un pueblo, mida un grado del meridiano y levante la carta de un lugar el que ofrezca darlas de geografía:

3. Que no fuese sedentaria su vida ni dictadas sus lecciones desde una cátedra de orgullo: que recorriesen la naturaleza los profesores de la naturaleza: que en las riberas de los ríos clasificase el botánico los vegetales que las hermosean, haga análisis de las partes que los forman y desenvuelva los prodigios de la vegetación y que en las montañas más ricas, a vista de las vetas, en medio de las canteras, manifestase el mineralogista las clases de fósiles, sus caracteres y métodos de explotación.

4. Que tuviesen presente en sus lecciones el orden sucesivo con que se han ido creando las ciencias: que los hombres observaron primero seres individuales, pensaron después en las relaciones de semejanza o diferencia que había entre los seres, y formaron últimamente principios o expresiones generales de aquellas relaciones: que si este método llevó a la formación de las ciencias, el

mismo sistema debe llevar a su posición: que enseñar abstracciones primero y hechos u observaciones después es invertir el orden y fijarse primero en las consecuencias y después en las premisas:

5. Que tuviesen lugar muy distinguido en el orden jerárquico de las sociedades, porque ellos son los que dan luces a los que han de ser legisladores, magistrados o funcionarios de otro género: que se les dotase como corresponde a su representación y exige lo penoso de sus tareas:

6. Que formasen un libro, y clasificando en él los talentos y progresos de sus discípulos, lo presentasen anualmente al Gobierno, y éste lo conservase como la hoja más digna de servicios: como una indicación de los jóvenes que debe proteger, de los hombres que a su tiempo debe ocupar en servicio del Estado:

7. Que cada año manifestasen al Gobierno las necesidades de las ciencias: lo que atrasa su marcha o puede influir en sus progresos: las causas que las estancan en un lugar y las que podrían dilatarlas por muchos:

8. Que hubiese un fondo destinado para los gastos de instrucción pública, como los que hay para los de justicia, hacienda y guerra: que con aquel fondo se dotase a los maestros, se premiase a los discípulos y se socorriesen las necesidades de las ciencias.

La ilustración es el origen del bien. La ignorancia es el origen del mal. En el centro de la riqueza, la América ha sido pobre porque ha sido ignorante. En medio de la pobreza, la Europa es rica porque es ilustrada.

Los que enseñan las ciencias: los que comunican sus principios y derraman sus luces son, entre todos, los de más valor. El de los hombres se deriva de lo que saben ejecutar; y los sabios son los que enseñan a los hombres.

Que los maestros sean honrados por la nación; y premiados por el Gobierno: que la juventud sea protegida y las ciencias difundidas. La naturaleza, yerma ahora, salvaje y horrible, será en lo futuro poblada, culta y hermosa.

MUJERES

Yo vuelvo a ellas el pensamiento: yo les dirijo mis reflexiones. Los jardines, las flores, las rosas, las gracias, ¿no serán dignas de nuestras miradas?

Centroamericanas, oíd la voz de quien desea vuestra felicidad. No seáis indiferentes a los intereses de la Patria. Vuestros destinos dependen de los de la Nación: vuestra suerte está unida con la de la República.

Una nación es una sociedad o reunión de mujeres y hombres dirigidos por unas mismas leyes. Si el Gobierno que la rige es opresor: si no respeta las personas y propiedades: si viola los fueros y derechos más santos, todos sufren en todos aspectos; todos son miserables e infelices.

La esposa ve oprimido a su marido: la madre ve hollados a sus hijos: la hermana ve ultrajados a sus hermanos. El despotismo no respeta sexos ni edades. Es una bestia famélica que devora los tallos más tiernos; las cortezas más duras y las flores más bellas.

Los destinos de las mujeres están enlazados con los de los hombres. Una misma suerte tienen siempre: un mismo movimiento las lleva al abismo de las desgracias o al paraíso de las felicidades. Mujeres de salvajes son salvajes ellas mismas, miserables y desventuradas.

Mujeres de hombres civilizados son cultas y gozan de los bienes inmensos de la civilización. Las cadenas que pesan sobre un esclavo gravitan sobre su mujer. Los bienes que disfruta un hombre libre son también para la suya.

Mirad en un mapa las partes que dividen la tierra o los Estados que existen sobre su superficie. Leed en la historia de cada uno la de las mujeres que la pueblan. En África son vendidas como las ovejas que pacen en un prado. En Asia tienen una existencia triste como la servidumbre. En Oceanía siguen los pasos de la civilización que va progresando con rapidez.

En América empiezan a sentir las influencias de los nuevos gobiernos. En Europa avanzan cada día más en la ilustración: son pulcras, y dignas muchas de entrar en conversación con hombres eminentes, honor del siglo y del país donde viven.

La historia de Centro América es libro muy instructivo en cada una de sus épocas. Recorramos sus páginas y en todas encontraremos pruebas luminosas y convincentes.

Antes de la Independencia, las leyes negaban los empleos políticos, eclesiásticos y militares a todos los que no eran españoles o descendientes de españoles.

Todos los hombres, a excepción de un número mínimo, estaban hundidos en la nada. En vano tenía alguno talento y virtudes, origen primero del valor de un individuo. Nadie podía elevarse a los destinos a que le llaman su inteligencia y moralidad.

Las mujeres se enlazaban, por necesidad, con hombres nulos, abyectos o abatidos; y debían, por consecuencia, ser nulas como ellos, oscuras, pobres y miserables.

Proclamada nuestra Independencia, amanecieron días alegres como la primavera. La Ley abrió las puertas del honor a los que tuviesen las aptitudes precisas. Renacieron esperanzas que estaban muertas.

Conocieron los hombres que no era inútil el mérito, y empezaron a hacer esfuerzos para tenerlo: procuraron ilustrarse; y hubo más decoro en su conducta. Las mujeres, sumergidas antes en el mismo abismo donde estaban arrojados los hombres comenzaron a salir de la abyección: y fueron compañeras de maridos menos incultos, más ilustrados o menos ignorantes: gozaron ventajas que no habían disfrutado: tuvieron un ser nuevo o una existencia que lo era.

Progresaba la República, tranquila y contenta, en el seno de la paz, cuando en 1825 dieron el primer paso los que habían meditado su trastorno. En 1826 empezó a estallar la revolución maquinada por los mismos: en 1827 alzó su frente orgullosa y estúpida el despotismo más irreligioso, más inmoral y más inhumano.

Los propietarios fueron saqueados, con el nombre de empréstitos, en sus casas y haciendas: los pobres arrancados de sus ocupaciones inocentes y llevados a los campos de muerte y horror, y todos privados de las garantías más respetables, de los derechos más sagrados.

Eran naturales las consecuencias o precisos los resultados. Han quedado las esposas viudas; las hijas, huérfanas; las mujeres, miserables, desvalidas y expuestas a todas las tentaciones de la indigencia.

Centroamericanas, no lo olvidéis jamás. Vuestra suerte, venturosa o desgraciada, depende de las leyes que se dicten, del gobierno que se establezca.

LIBERTAD DE IMPRENTA

La libertad de imprenta, dice un escritor, fecundiza la opinión pública: amenaza al crimen; y si este es feliz, ella es el castigo de su mismo suceso. Todos los pueblos libres la protegen: en ningún país esclavo se sufre. Roma no la perdió sino en el decenvirato de Apio y bajo el imperio de los Césares.

La imprenta es el sentido universal del cuerpo político, así como el tacto es el sentido general del cuerpo humano. Su libertad es consecuencia necesaria de la falibilidad común. Es preciso permitirla, o decir que los que gobiernan no pueden errar. Ella enfurece al espíritu orgulloso de dominación, porque le quita la máscara: ella intimida y desconcierta a la audacia y tiranía por la posibilidad sola de su vigilancia; pero estos temores que inspira son elogios serios, y una prueba más de su necesidad. Feliz la libertad que va a buscar al conspirador que en las tinieblas se esconde bajo velos, o al hipócrita que se disfraza con ellos, o al charlatán que se engaña a sí mismo por el suceso que ha tenido su impostura.

¿El primer peligro público no es siempre la tiranía? ¿El instante en que acaba de nacer un Gobierno no es el momento en que se debe velar más el ejercicio del poder confiado a los que mandan?

Cuando ya está consolidada una constitución, el tiempo ha hecho inmobles los límites del círculo dentro del cual deben moverse las autoridades; pero antes de consolidarse la Ley Fundamental, una ambición desordenada, una audacia feliz pueden fácilmente saltar aquellos límites o darles más extensión.

La razón como una antorcha se enciende en un espacio vasto y ventilado y muere reducida en un vaso estrecho. Leed la historia de las naciones y veréis en ella el derecho de pensar y escribir comprimido en proporción de su esclavitud. ¿La Francia hubiera sucumbido bajo el despotismo del ministro que ocupó largo tiempo el trono en que Luis XIII parecía sentado, si filósofos elocuentes hubieran podido vengar la libertad que aquel funcionario acabó de alarmar con sus amenazas y envilecer con sus ultrajes?.

Yo lo repito. Es necesario decir que los que mandan son infalibles, o permitir que se les censure. ¿Quién publicará, sino es la imprenta, sus errores, sus cargos o delitos? Puede concebirse que un país sea libre cuando no lo son el pensamiento, o la palabra que es su expresión? ¿Cuándo hay pensamientos vasallos y sólo un pensamiento soberano? La obediencia debe ser fiel; pero ilustrada. Asegurar que se le hace traición reclamando los derechos violados del pueblo es revelar ese secreto de los déspotas. Desde el momento en que un hombre o un cuerpo restringen o encadenan la libertad de escribir garantizada por el pacto social, anuncian a la nación entera que el Gobierno se ha mudado o se va a mudar: publican indirectamente el manifiesto de la tiranía.

Leed los códigos de todos los pueblos libres. El de Pensilvania en el artículo 35 abandona expresamente las leyes a la discusión pública. La libertad de imprenta, dice la declaración de los derechos que precede a la Constitución de Virginia, no puede ser restringida sino por los gobiernos despóticos. Hablar con franqueza sobre los actos u operaciones del Gobierno es servir a la patria y a la libertad: tal es la máxima tutelar de los ingleses. La censura de aquellos actos fue también expresamente autorizada por la primera Constitución de la Francia.

Llamar criminal o peligrosa la censura de un acuerdo o decreto violadores de nuestros derechos sería idea muy servil. ¿Sólo contra la tiranía antigua será permitido escribir? Cuando lo que se hace está en oposición con la justicia, con la razón, con la naturaleza, es lícito, es preciso sin duda reclamar a favor de estos sentimientos, más antiguos que todos los códigos, más respetables que todas las leyes. Hombres impuros desahogarán las venganzas de su corazón y servirán a la facción que los paga. Y la virtud, objeto de sus calumnias, no podrá ser vengada con sus celosos adoradores?

¿No consideráis que se creería que teméis en tal caso los gritos del pueblo y queréis sofocarlos? Fabricio Vejento había ofendido al Senado con sus escritos. Se buscaban, dice Tácito, aquellos escritos y se leían con ardor; pero se olvidaron así que fue permitida su lectura. No son las calumnias: son los crímenes los que deshonran al poder supremo: la inepcia de los magistrados es la que los envilece.

Podría haber peligros contra una Constitución o un Gobierno cuando una sola clase de escritores, o si se quiere un solo partido tuviese el derecho de publicar sus opiniones y pensamientos; pero si este derecho es universal, debe cesar todo temor. El mal que la Imprenta pudiera hacer se destruye entonces por la facilidad de curarle.

Cuando el cuerpo legislativo o el Gobierno prohíben o restringen la libertad de Imprenta, la prohibición o restricción sólo es relativa a los ciudadanos. Los poderes legislativo y ejecutivo conservan aquella libertad; y si llegaran a atacar los derechos del pueblo, ¿qué voz se levantaría en tal caso para reclamarlos?

No digáis que los tiempos borrascosos en que vivimos exigen medidas de rigor... Vuestros raciocinios, cualquiera que sea el colorido que les deis, desaparecen ante estas cuestiones terribles: ¿Cómo se ha conservado la tiranía en todos los tiempos, en todos los pueblos? Por la esclavitud de la Imprenta. ¿Cómo se ha destruido la tiranía? Por la libertad de Imprenta. En medio de las tempestades de una revolución es precisamente cuando las pasiones aumentan su audacia y actividad, pero esas pasiones se neutralizan por su misma lucha... su vigilancia activa compensa y repara los males que hacen nacer.

Yo me extiendo más. ¿El Gobierno representativo subsistirá en realidad cuando no hay entre los pensamientos de un Diputado y los del pueblo que lo ha elegido una comunicación abierta y necesaria? ¿Cuándo los representados no ejercen una vigilancia general? ¿Cuándo no tienen el derecho de proclamar libremente o hacer que se proclame con franqueza la opinión nacional de que los representantes deben siempre ser órgano?

Se dirá que la Imprenta sirve de instrumento a algunos delitos... Pero yo quiero que en vez de hacer una ley particular sobre el agente pasivo del crimen, se haga sobre el mismo crimen. Si se roba a un autor el fruto de su trabajo este plagio debe ser determinado en el Código Penal: si se calumnia a alguno, esta acción debe también tener lugar en el mismo Código, etcétera.

Una censura necesaria y justa, se dice, no será para un hombre poderoso una provocación a la desobediencia. ¿Quién podrá, pues, seguir la cadena entre un escrito publicado y un atentado cometido? ¿Cómo osarás llenar el intervalo que lo separa? ¿Quién os ha dicho que el proyecto del crimen no estaba ya en el alma del culpado? ¿La presunción sólo será bastante para condenar? No basta haber sido ocasión del delito: es preciso haber sido causa de él. Yo tengo una vela en las manos, y la destino a alumbrar. ¿Si otro se quema con ella, me creerás autor del incendio?

Censurar o criticar una ley es por ventura excitar a violarla? ¿Si no es permitido criticar un decreto, dónde está la esperanza de hacer que se revoque? ¿Dónde está la libertad de escribir, si un autor puede ser cargado de cadenas porque un hombre ha desobedecido la ley que aquel ha criticado? En breve se exigirá para todo lo que haga el Gobierno un respeto supersticioso, un decreto: una proclama serían actos de fe o dogmas ante los cuales debería arrodillarse la razón.

Tú has decretado una ley injusta: yo la he criticado: otro la ha desobedecido. ¿Quién es causa de la desobediencia? Tú que has hecho la ley injusta o yo, que he criticado tu injusticia? Crees digno de cadenas al escritor enérgico que censura lo injusto? ¿Y tú que eres autor de la injusticia, cuál es el infierno que mereces? Llamas desorganizadores políticos: denominas perturbadores del orden a los hombres justos que reclaman el cumplimiento de las leyes divinas, o humanas, eclesiásticas y civiles. Y tú que las desprecias o has hollado, cuál es el nombre que debes tener?

En una nación que comienza a existir, en un sistema que empieza a formarse debe haber inexperiencia, equivocaciones y errores.

Si los hombres de probidad y luces no pueden publicar las que les ha dado el estudio de toda su vida y la experiencia de muchos años, ¿a qué abismo serían llevados los pueblos que no han proclamado su independencia para ser infelices sino para mejorar sus destinos gozando suma más grande de felicidad?

Pero la religión no debe ser confundida con los asuntos a que puede extenderse la libertad de Imprenta. La religión es un objeto sagrado, y sus dignos ministros merecen nuestros respetos. Que no sean nuestras manos las que toquen la religión. Su influencia es benéfica: su moral es divina. ¿Puede haber filantropía más sublime que la de identificar a todos los hombres haciendo que en mí semejante vea otro yo?

COMERCIO

El comercio lleva a las plazas más lejanas los frutos del campo y los artefactos de los talleres: da extensión y valor a la industria y a la agricultura, fuentes primeras de riqueza.

Tres son las causas que deciden sus destinos haciéndolo pobre o rico, dilatado o reducido: la libertad que abre las puertas a todas las naciones, los caminos que facilitan el transporte de las mercaderías: y los aranceles que fijan sus derechos.

La libertad de comercio decretada desde el año de 1821, fue uno de los primeros acuerdos después de la voz gloriosa de nuestra independencia. Los caminos serán objeto de nuestros pensamientos, y sobre aranceles tenemos el honor de presentar el que rige en la República de Centroamérica: las bases en que se funda; y el discurso que manifiesta la libertad de sus principios.

Guatemala acordó desde 1822 los que deben servir de fundamento a un arancel que no sea destructor del comercio: Guatemala decretó derechos más moderados que los que se cobran en las demás naciones de América: Guatemala distinguió a los americanos y es equitativo para los europeos.

DISCURSO PRESENTADO A LA JUNTA GUBERNATIVA: EXCELENTÍSIMO SEÑOR:

La comisión de hacienda ha dedicado su atención al asunto importante a que Vuestra Excelencia se ha servido llamarla.

Contemplando la dificultad de la obra y midiendo sus propias fuerzas, presentaría para que se adoptase el arancel de otra nación más proporcionado a las circunstancias de Guatemala. Esta medida le hubiera ahorrado el trabajo y excusado la molestia de pedir informes, reunir datos, hacer combinaciones, tomar la pluma, y ser en último resultado objeto de los raciocinios de unos y de las censuras de otros.

Pero en Guatemala, colocada por naturaleza en posición geográfica diversa de la que tienen las demás naciones, debe haber también sistema distinto de comercio, arancel diverso de aduanas.

Su localidad montuosa cortada por ríos de vado difícil en la estación de aguas: su territorio dividido en pueblos separados unos de otros por montes empinados o quiebras profundas: su población distante de las costas, sus puntos de cosechas sin calzadas ni caminos a los puertos: sus artículos de riqueza, nacientes unos, abatidos otros y escondidos los demás en el seno oculto de la tierra, exigen que su sistema económico sea distinguido por la protección más liberal.

Si la merece en todos los países el comercio que dilata las cosechas, anima las artes, y llena las cajas de los pueblos, en Guatemala es más digno de ella porque es más desvalido y pobre, y tiene que luchar con obstáculos más numerosos y grandes.

La grana que en México puede pagar un 6 por ciento sobre 60 pesos arroba de aforo, sería en Guatemala anonadada en su nacimiento si se la sometiera a iguales derechos. El añil que desde la India pasa a los mercados de Europa pagando fletes, sufriendo contribuciones y dejando utilidades, precipitaría en estas provincias su decadencia si el Gobierno no moderara sus derechos.

Era necesario formar el arancel de Guatemala; y la comisión de hacienda presenta a V. E el provisional que ha trabajado.

No se lisonjea con la idea alegre de haberle dado toda la perfección de que es capaz. Pero cree haber encontrado un plan que concilia los intereses de la hacienda con los del pueblo, cree haber adoptado un sistema que da a la industria rural, fabril y mercantil la protección a que tiene derecho.

La libertad de comercio es la primera base del arancel. La comisión no cesará jamás de repetirlo, porque si es un principio que nadie duda en España y las naciones más ilustradas, en Guatemala tiene todavía enemigos que quieran impugnarlo.

Parece increíble; pero es una verdad. Todavía hay hombres, después de proclamada nuestra independencia, después de publicado el decreto memorable de 17 de noviembre último, que repugnan la libertad de comercio: todavía hay hombres que para hacerla sospechosa llevan la hipocresía al extremo escandaloso de pintarla como contraria a una religión santa que si predica dogmas y moralidad jamás habla de sistemas de comercio: a una religión que en los siglos más puros de su historia, nunca impidió la libertad de comerciar que tenían los pueblos donde se iba estableciendo: a una religión que se mantiene firme en la plaza de Cádiz en donde llegan atraídos por el giro los ingleses, los moros, los franceses, los alemanes, etcétera.

La comisión no puede creer que la libertad de comercio que es en España origen de riqueza, sea en América principio de miseria.

El derecho de propiedad consiste en el de disponer libremente de lo que es propio o se posee con pleno dominio. La esencia misma del derecho de propiedad exige la libertad de vender o comerciar; y esta libertad es la que da valor a las propiedades.

Quitando a un tejedor infeliz la facultad de vender libremente sus tejidos a quien le ofrezca precio más caro por ellos, se quitaría a sus telares y trabajos la estimación que deben tener; y quitando a Guatemala el derecho de vender sus frutos y géneros al comprador que le ofrezca mejores pactos, se quitaría a sus tierras, a sus granos y efectos el valor que debe haber.

Si sería crimen inhumano despojar a un tejedor desvalido de la libertad de vender sus mantas y cotines, sería también atentado escandaloso privar a Guatemala de la libertad de comerciar sus granas y añiles.

Los puertos de Guatemala deben abrirse a todas las naciones del mundo. Que vengan al Golfo y Acajutla, a Omoa y Trujillo, a San Juan y El Realejo los comerciantes de todos los pueblos del globo. Cuanto más grande sea su número tanto más crecido será el de compradores; y a proporción que se aumente el de los que busquen nuestras producciones, subirá el valor de nuestros frutos.

El género humano es una sociedad grande de hombres, individuos de una misma especie. Guatemala abre sus puertas a todos; franquea a todos sus relaciones: dará a cada nación la consideración especial que le merezca ella misma: observará religiosamente los derechos de reciprocidad que el Gobierno supremo sabrá fijar en los tratados que celebre; y entretanto sigue el orden que inspira la razón y apoya la justicia.

Guatemala es para Guatemala el objeto primero de su consideración, como España es para España el ser primero que fija sus miradas.

Sin ofender a pueblo alguno del mundo, se niega a recibir libros contrarios a las costumbres y religión, porque la religión y la moralidad son a los ojos de sus hijos las bases grandes de su felicidad.

Sin ofender a nación alguna de la tierra, prohíbe la exportación de la moneda macuquina y del oro o plata no acuñada ni labrada porque las circunstancias especiales de su posición la obligan a esta medida. Permitiendo la extracción de la moneda redonda y prohibiendo la de macuquina da al comercio exterior y conserva para el interior lo que activa la circulación y facilita más el giro: impidiendo la exportación del oro y plata antes de acuñarse o labrarse asegura a sus hijos la utilidad del cuño o industria; y permitiendo la extracción de aquellos metales después de acuñados o labrados, respeta en los propietarios el derecho de disponer libremente de los suyo.

Sin agraviar a sociedad alguna del universo declara libre de derechos la exportación de casi todos los frutos y géneros, porque abatido el cultivo de los unos y desalentada la industria de los otros, ninguno de ellos podría sufrir el gravamen de contribuciones.

A excepción del añil, del bálsamo, del cacao, del aguardiente, etcétera, que deben pagar derechos muy moderados, todos los demás artículos son enteramente libres de contribuciones nacionales.

Que salgan libremente para Guayaquil, para el Perú, para la América y para cualquiera otro país, sin pagar derecho alguno, los cotines, los rebozos, los acolchados y las mantas de nuestros tejedores, las panelas y azúcar de nuestros trapiches: el algodón, la vainilla, la grana, la madera, etcétera, de nuestros labradores. Esto animará la industria: multiplicará los trabajos: extenderá las cosechas; y aumentará o creará la riqueza de Guatemala.

Pero sus intereses están enlazados con los de la América que era antes sometida, y es ahora independiente del Gobierno español. Todas las naciones de América deben formar una gran familia estrechamente ligada en el plan de sus relaciones.

Algún día se formará acaso un congreso general que reuniendo representantes de todas las provincias de ambas Américas reúna luces sobre todas, y pueda meditar, calcular y acordar lo que convenga para sostener su causa y ocupar en el mundo el lugar que debe tener.

Pero mientras llega ese día feliz, las relaciones mercantiles deben estrecharse, y el sistema económico combinarse de manera que los intereses de América hagan los progresos que convienen a su causa.

Guatemala distingue como es justo a los americanos: les da la consideración que merecen los individuos de una misma familia; y persuadida de que la marina debe ser la defensa de su libertad, y el origen de su riqueza, vuelve la atención a este objeto protegiéndole como es debido.

Las maderas de construcción son libres de derechos: los lonas de algodón también son exentas: las breas y alquitranes tampoco los pagan; y toda propiedad traída a nuestros puertos por buques de hispanoamericanos debe pagarlos menores que siendo importada por buques de otra nación.

Antes de estas medidas el océano ha comenzado a ver con asombro pabellones no vistos jamás en sus aguas. Las banderas de la América Meridional empiezan a hermosear todos los mares; y el Colombiano, el Chileno, y el hijo de Buenos Aires, arrostrando sus olas anuncian desde ahora lo que serán algún día.

Guatemala que tiene en abundancia para crear marina poderosa lo que escasea en otros países, ofrece las primeras materias sin derechos ni trabas; y esta medida, pequeña a los ojos de aquellos que no han aprendido a observar la reproducción sucesiva de causas y efectos, será importante para los que saben barruntar las consecuencias de un acuerdo protector.

A los frutos y géneros de otro suelo traídos en buques de otras naciones se exigen derechos más subidos. Pero los que se cobran son más moderados que los prescritos en otros aranceles.

Guatemala no quisiera exigirlos aun moderados, porque Guatemala cree que las contribuciones exigidas a los cargamentos que lleguen a sus puertos, gravitarán en último resultado sobre sus hijos.

Pero si es necesario que haya un gobierno protector del comercio, también es preciso que contribuya a los gastos que exige la existencia del gobierno.

No ha habido siglo que no sea convencido de esta verdad. Pero dividida la opinión sobre el método de exigir las contribuciones, unos adoptaron el sistema de aforos hechos por un vista, y otros prefieren el de aranceles.

Sujetar el comercio al aforo de un vista era comprometer sus más caros intereses al juicio de un individuo, que podía equivocarse unas veces, y proceder con pasión otras.

Formar aranceles claros y precisos era desterrar la arbitrariedad, presentar al comercio datos fijos de lo que debe contribuir a facilitar sus especulaciones.

Las naciones más adelantadas han preferido el sistema de aranceles. Guatemala tendrá algún día los suyos, propios de su carácter, acomodados a su posición física y económica.

Pero la formación de aranceles es obra de años o meses, y la comisión de hacienda llamada con urgencia a proponer un reglamento provisional, no podía emprender en pocos días un trabajo de mucho tiempo.

Eligió por necesidad el sistema de aforo desdeñado por los siglos de luz. Pero eligiéndolo con este conocimiento, le sujetó a modificaciones capaces de hacerle aparecer digno de una plaza civilizada.

No es el fisco el que designa por la boca de un solo funcionario lo que debe pagarse al fisco. Si el interesado quiere que el vista solo afore sus efectos, el vista solo es quien los traza. Pero entonces no es en realidad un empleado fiscal el que afora. Es un funcionario que ha merecido por su probidad y conocimientos la confianza de la parte interesada: es un hombre elegido por el mismo comerciante.

Si el interesado quiere que el vista se asocie, no es en tal caso un individuo solo quien dice al comercio: esta es la cantidad que debes pagar.

Un funcionario nombrado por el gobierno y un sujeto elegido por el interesado son los que deben hacer el aforo. Si son acordes en el que hagan, el aforo es obra de la voluntad unida de los representantes de las partes interesadas. Si hay oposición de intereses, y el vista se inclina a sostener los del fisco al mismo tiempo que el asociado se vuelve a apoyar los de aquel que le nombra, este choque arrojará luces y las luces descubriendo lo justo conciliarán las opiniones.

En caso contrario, el Administrador dirime la discordia; y dejando al fisco y al interesado salvo el derecho de ocurrir donde corresponda, en el caso de agravio justo y acreditado, queda hecho el aforo, y fenecido al asunto.

De esta manera se protege al comercio, y no se perjudica a la hacienda: se da al primero el derecho de defender sus intereses; y tiene la segunda representantes que protejan los suyos.

No es este sistema exactamente perpendicular entre el fisco y el comerciante. Se inclina más al primero que al segundo dando al administrador el derecho de dirimir las discordias que hubiere entre el vista y el asociado. Pero es obvia la razón que apoya la diferencia.

El comerciante es un ser vivo que habla y defiende por sí mismo sus intereses: el fisco es un ser moral que debe servirse de empleados para sostener los suyos; y en el funcionario más celoso y honrado, no puede suponerse la misma energía de interés por los del fisco que debe haber en el comerciante por los suyos propios y personales.

Tales son los principios que han guiado a la comisión de hacienda en el arancel que propone a la deliberación y acuerdo de V. E.

Siguiendo su espíritu, formará también desde luego el reglamento provisional de aduanas, cuando despache el expediente que se ha pasado a su vista. Entonces, quedará por ahora completo, sin perjuicio de lo que determine el Congreso del Imperio, el sistema económico de Guatemala en uno de sus más importantes ramos: la comisión llenará sus deseos de servir a la hacienda y comercio: y V.E., rectificando sus pensamientos, dará a la obra la perfección que permitan las circunstancias.

Guatemala 10 de febrero de 1822.

SISTEMA POLÍTICO

Desde que los hombres, dice un escritor, existen en sociedad, dos grandes procesos agitan el espíritu humano y arman alternativamente con la cuchilla de las proscripciones a una y otra de las partes contendoras.

1. Ha existido antes y existe ahora un proceso entre los pueblos que quieren la libertad política y civil, y los jefes, temporales o vitalicios, electivos o hereditarios, reyes o emperadores que quieren tener poder absoluto.

2. Ha existido antes y existe ahora otro proceso entre los pueblos que no quieren admitir otras distinciones que aquellas que sean convenientes al interés de todos; y las clases de aquellos individuos que han usurpado y quieren todavía conservar para su privativo interés privilegios honoríficos o pecuniarios.

Combate del espíritu de libertad con el de dominación o poder absoluto: combate del espíritu de igualdad con el de distinción o privilegio. Este es el cuadro de las naciones o sociedades políticas del mundo antiguo.

Los pueblos de Europa, salvajes o bárbaros primero, dominados después por Roma antigua que, liberal o justa para sí, era una tirana para los demás: invadidos posteriormente y subyugados por los godos, vándalos, hunos, etcétera, oprimidos por monarcas absolutos y ministros ignorantes o inmorales: sensibles al sufrimiento de tantos males: ilustrados en sus derechos por hombres que desde la altura de sus gabinetes derramaban luces sobre toda la especie, quieren ser menos infelices: quieren constitución: quieren una ley que señale límites a los poderes, dé a todos derechos, y prescriba a todos deberes.

Es justa su demanda y no tiene moral, o no habla lo que siente, el que niegue la justicia de solicitud tan conforme a razón. Pero los gobiernos y las clases no quieren dejar de ser aquéllos absolutos y éstas privilegiadas.

El interés personal unió a las clases con los gobiernos; y el interés público o social unió a los pueblos entre sí. Empezó el combate o lucha: empezaron los gobiernos a ser enemigos de los gobiernos: y no hay armonía entre los que mandan y los que obedecen; y la Europa se ve amenazada de todos los males temibles en posición semejante.

Los pueblos de América, salvajes también al principio: dominados después con arbitrariedad por los Incas y Moctezumas: conquistados posteriormente por los Corteses y Pizarros: envueltos en las desgracias que afligían a los europeos ilustrados con las luces que del norte del mundo antiguo pasaban al norte del nuevo, y desde él volaban por el centro y mediodía, quieren tener cerca los gobiernos directores de sus destinos.

Su demanda es igualmente justa. La religión la aprueba, y la razón la defiende. Pero el mismo espíritu de privilegio y poder absoluto que repugna el bien de los pueblos de Europa resiste también el de los de América.

Se ha formado una alianza que con escándalo se llama santa; y el objeto de esa santa alianza es que no haya constituciones justas: que no haya leyes iguales para todos: que el mundo nuevo esté sujeto al viejo; y dominen los poderes absolutos.

No es general esa liga. La Inglaterra que es la primera potencia del mundo: la Inglaterra que tiene la corona del Océano, y es para los gobiernos de las demás naciones como la cámara de los comunes que se ha reservado el bolsillo, no ha entrado en aquella coalición. Ha reconocido por el contrario la independencia de Colombia y México, y tenemos datos para asegurar que reconocerá también la de Guatemala. La Holanda empieza a hacer iguales reconocimientos, los Estados Unidos los han hecho ya; y tienen intereses semejantes a los del resto de la América; y otras potencias son neutrales o seguirán su ejemplo.

Los gobiernos de Francia, Austria, Rusia y Prusia son los que forman la alianza que resiste en Europa las instituciones liberales; y a esos Gobiernos quiere España interesar en sus pretensiones sobre la América. ¿Cuál será el resultado final de la contienda entre los Gobiernos y las naciones? Cuál será el término de la lucha entre las clases privilegiadas y los pueblos de Europa? ¿Triunfará la justicia? ¿Será victoriosa la razón?

¿Los gobiernos de la Alianza darán a España los auxilios que necesite? ¿Y dándole lo que ha menester, se encenderán en Europa los fuegos de una guerra que en tal caso sería general? ¿Y encendiéndose aquellos fuegos, avanzará la América en su causa, o será atrasada en su carrera? ¿Y cuando no hubiese guerra en Europa, será posible que España vuelva a conquistar la América? ¿Y cuando llegase a conquistarla podrá la conquista ser duradera?

Deseamos que los hombres de todas clases tengan rango más elevado que el de lectores pasivos. Queremos que sean pensadores activos: queremos que se aumente la masa de luces; y que enviándose a nuestro periódico las que produzca la meditación sea El Redactor (1) del sol que las vaya difundiendo por todas partes.

Nosotros no quedaremos ociosos. Publicaremos noticias acordes o contradictorias, obscuras o claras, así como las encontremos en las gacetas o periódicos de otros países. Presentaremos a su tiempo nuestros pensamientos. Enderezaremos también lo que se nos demuestre ser torcido: seguiremos lo que sea recto; y de uno u otro modo avanzaremos siempre a nuestro término.

II

La independencia absoluta es nuestro primer derecho y el fundamento de los demás. El espíritu público es la garantía más firme de la independencia; y la libertad justa de imprenta es la que forma y dirige el espíritu público.

El pueblo de la República Federal de Centro América, dice el artículo #1 de nuestra Constitución Política, es soberano e independiente.

No podrán, dice el artículo 175, el Congreso, las asambleas, ni las demás autoridades coartar en ningún caso ni por pretexto alguno la libertad del pensamiento, la de la palabra, la de la escritura, y la de la imprenta.

Esta es la Ley Fundamental que decretó la Asamblea y ha jurado la Nación: esta es nuestra carta: este es nuestro pacto. Penetrémonos de su importancia en las actuales circunstancias: conozcamos toda su influencia: y no olvidemos los derechos del juramento.

---

(1) El Redactor General, periódico que fundó y dirigió don José del Valle en 1825.

III

Siendo independiente esta nación, sus destinos dependerán de ella misma. No será Lima, no será Bogotá: no será México la que le dará leyes. Será Guatemala la que las dictará a Guatemala.

Sus hijos tendrán elevación en su carácter, nobleza en sus sentimientos. Somos, dirán, independientes y libres. No es el Norte ni el Sur el que nos enviará empleados. Nosotros mismos elegiremos a nuestros legisladores, a nuestros jefes, a nuestros jueces. Si el hijo de Roma conquistando, destruyendo, talando a los pueblos se enorgullecía de ser romano, nosotros proclamando nuestros derechos y respetando los de nuestros vecinos, nos gloriamos de ser guatemalanos:

Sus Diputados no tendrán que atravesar centenas de leguas para ir a Colombia, Nueva-España u otra nación a formar una minoría de representantes guatemalanos, sujeta a la mayoría de representantes colombianos o mexicanos. En su misma patria, sin salir de su territorio, sin sentir influencias extrañas, sin multiplicar gastos, se unirán en congreso, y elevándose sobre pasiones y errores trabajarán en el mayor bien posible del mayor número posible.

Sus jefes serán hijos suyos, elegidos por los pueblos, y ejecutores no de las leyes que dicten naciones extrañas sino de las que acuerden sus conciudadanos y convengan al interés de la patria.

Sus magistrados serán también hijos de ella misma, electos igualmente por los pueblos, para decidir con arreglo a leyes guatemalanas las diferencias de guatemalanos, paisanos suyos, individuos de la misma República.

Sus tropas no serán divisiones militares de soldados extraños que vengan a atropellar nuestros fueros y hollar nuestros derechos. Serán regimientos de guatemalanos formados y disciplinados para defender la libertad de los guatemalanos.

Sus individuos no tendrán que emprender largos viajes, consumir mucho tiempo, y erogar muchos gastos para interponer recursos ante el Tribunal Supremo de Justicia que resida en Pekín, en Calcuta, en México o en Bogotá.

Sus pueblos no serán gravados con los gastos que aumenta la distancia, ni con las contribuciones que quiera imponer un congreso extranjero.

Sus aranceles serán los más moderados en toda la América: su hacienda será la menos gravosa en todo el Nuevo Mundo.

Hagamos cuentas exactas: sofoquemos el interés mal calculado de familia o de individuo: no oigamos las voces fieras del orgullo sino los acentos dulces de la razón.

¿Querremos que nuestra patria sea libre, independiente, y señora de sí misma, o colonia, o provincia de otro pueblo?

IV

La identidad de intereses hizo que desde 1810 comenzase en América a resonar sucesivamente la voz lisonjera: somos hombres, y por serlo tenemos los mismos derechos que los habitantes de Europa. No es justo que las naciones europeas sean regidas por gobiernos americanos. No es conforme a razón que los pueblos americanos sean administrados por gobiernos europeos.

Esta misma identidad hace que en la misma América se empiece a oír otra voz igualmente agradable: Nacimos en un mismo continente: somos hijos de una misma madre: somos hermanos: hablamos un mismo idioma: defendemos una misma causa: somos llamados a iguales destinos. La amistad más cordial: la liga más íntima: la confederación más estrecha deben unir a todas las Repúblicas del Nuevo Mundo.

V

Los pueblos que desean una ley, expresión de sus derechos y fueros; y la Santa Alianza que trabaja para tenerlos sometidos a los rigores del poder absoluto: la América que después de tres siglos de sujeción a un gobierno lejano se pronunció al fin independiente; y la España que posesora de la América igual espacio de tiempo, no quiere reconocer su independencia , son los asuntos que continúan ocupando a los talentos y ejercitando a los estadistas.

Siguen los periódicos contradictorios entre sí, unos alegres prometiendo paz perpetua, y otros melancólicos amenazando guerras destructoras: aquellos pintando futuros lisonjeros, y estos bosquejando venideros funestos.

En este caos, tenebroso como la noche, hay cuatro verdades superiores a las contradicciones de los periódicos. La libertad dirigida por la ley, es justa; y parece natural que los pueblos quieran constituciones y progresar en la marcha de su prosperidad.

El poder absoluto acostumbrado a dominar sin oposición desea continuar del mismo modo, y ve su sepulcro en las leyes que enfrenan la arbitrariedad.

La América es un mundo de valores infinitos, y no es creíble que su antiguo posesor quiera de grado perder tanta riqueza. La España después de años de sufrimientos y desorganización debe estar abatida, en situación muy desgraciada; y sin el auxilio de fuerzas y fondos de otras naciones no puede acometer empresa tan grande como la reconquista de un mundo decidido a defender sus derechos.

PROSPECTO DE LA HISTORIA DE GUATEMALA

La historia de una nación es uno de sus libros más importantes. En ella debe un político profundizar el estudio de su ciencia: un legislador formar su plan de legislación: un gobernante recibir lecciones de gobierno.

Viendo a los Estados nacer al principio pequeños y casi confundidos con la nada: subir después gradualmente, llevados por la mano de la prudencia; y bajar últimamente con precipitación por no haber talentos que sepan mantenerlos en la altura del poder: observando sus movimientos: investigando las causas de sus progresos y retrocesos, el hombre que estudia la ciencia de las sociedades aprende en una escuela práctica lo que no podría enseñarle la teoría más sutil.

El que no observa a un pueblo más que en su actual posición es como el que no ve a un hombre más que un acto sólo de su vida. Para conocer a un hombre es preciso verlo en todos los períodos; y para conocer a un pueblo es necesario observarle en todas las épocas de su historia.

La de una nación es la que manifiesta su vida pública y privada: la que designa los pasos que ha ido dando en el transcurso de los siglos: la que indica lo que puede dar para llegar gradualmente a la altura a que puede subir. Cicerón llama a la historia Magistra vitoe; y este pensamiento es un libro grande reducido al laconismo de dos palabras.

Todas las naciones deben tener su historia particular. Es el libro que debe presentar a sus legisladores y gobernantes para que vean en él como en un cuadro el pueblo que van a mandar, la marcha que ha seguido, los estados por donde ha pasado, y el último que tiene en el momento presente.

Cuando Córcega se pronunció independiente, el autor del Contrato Social, invitado para formar el plan de su legislación, no se contentó con pedir noticias del estado que tenía aquella nación. Manifestó que era necesaria una buena carta de la isla donde estuviesen bien designados y distinguidos todos sus distritos: una descripción exacta de ella, su historia natural, su cultivo, su población, el número e influencia respectiva de los eclesiásticos y notables, el estado de los puertos y fortalezas, la industria, las artes, el comercio, etcétera; la historia de la nación, sus leyes, y todo lo respectivo a la administración pública, rentas, contribuciones, lo que pagaba el pueblo y lo que podía pagar. Guatemala no tiene aún la historia que debe haber. Se considera su estado presente, y no se ha hecho estudio de los anteriores por donde ha pasado: se ve su superficie, y no se penetra más allá: se mira su fisonomía exterior; y no se tiene idea de su alma. Guatemala no es conocida como debe serlo; y sin tener conocimiento profundo de ella, ¿podrá ser bien gobernada?

El patriotismo debe interesarse en llenar tan gran vacío, para que su administración sea menos desgraciada, para que se mida el espacio que ha corrido viendo el punto mínimo en que comenzó a existir y el máximo a que puede elevarse, para que conozca su verdadero ser y las causas que lo han ido formando y desarrollando, para que se aprenda a gobernarla con prudencia y levantarla con sabiduría a la altura a que la llaman sus destinos.

Es importante el asunto, y grandes las consecuencias. El celo debe darle toda la atención que demanda. Pero debe tener presente una verdad incontestable. No son todos los talentos dignos de escribir la historia. Unos calculan el movimiento de los astros; y otros observan el de los pueblos. Tulio gobernaba a Roma y Livio escribió su historia.

Si en Guatemala existen hombres dignos de escribir la de una nación: si los acontecimientos del mundo político les interesan y ocupan más que los fenómenos del mundo físico: si el libro de las causas de la grandeza y decadencia de los Romanos escrito por Montesquieu les llama la atención más que la épocas de la Naturaleza publicadas por Buffón: si el discurso de Bossuet que ve pasar sucesivamente a los Asirios , a los Medos, a los Persas, a los Griegos, a los Romanos, y caer, por decirlo así, unos sobre otros, es obra que leen con más placer que la de Deluc, que manifiesta las revoluciones progresivas de la tierra: si han hecho estudio profundo del hombre y la ciencia de sus derechos y deberes: si leyendo la historia de las naciones se han complacido en observar cómo ha obrado ese hombre y por qué causas han sido esos derechos hollados en unas y respetados en otras: si investigando esas causas se han dedicado a descubrir la influencia del clima, la religión y el gobierno, que son las principales que obran en los pueblos y les dan la forma que tienen: si considerando la acción de esos grandes agentes se han ejercitado en observar la genealogía de los sucesos, viendo en los primeros el germen de los segundos y en los segundos el principio de los terceros: si acostumbrados a conocer los enlaces o conexiones que tienen unos con otros todos los acontecimientos, han aprendido a ponerlos en orden y expresarlos con el idioma propio de cada asunto: últimamente, si han nacido con el talento de los historiadores, y han sabido cultivar ese talento, la patria tiene derecho para pedir que lo empleen en escribir su historia.

Para formarla como exigen sus intereses no bastan estudios comunes de libros publicados sobre principios generales. Los que emprendan trabajos tan importantes deben fijar su atención en tres grandes objetos: España, México y Guatemala: deben estudiar la historia de España observando la forma de su gobierno y la influencia que debió tener en las Indias, su sistema respecto de la América, y de Guatemala, parte muy distinguida de la América, y las revoluciones que sufrió en el período dilatado de 1524 en que Pedro de Alvarado fundó la capital en nuestra República hasta en 1821 en que se pronunció independiente: deben leer todo lo que se ha escrito de Guatemala antes y después de ser conquistada por España haciendo estudio profundo de los códigos legislativos que la han regido desde el Fuero Juzgo hasta la recopilación de Indias, recorriendo las órdenes y cédulas particulares expedidas para estas provincias, registrando los archivos del gobierno y antigua capitanía general, de la audiencia y ayuntamientos de las ciudades principales, viendo los planos, croquis y cartas de los puertos, costas y partidos de esta nación, recogiendo las tradiciones conservadas por los hombres más fidedignos, y reconociendo las antigüedades que existan: deben instruirse de la historia de México dando una ojeada a los tiempos anteriores a su independencia, haciendo estudio particular de su larga y desastrosa revolución, y deteniéndose especialmente en el período desgraciado de su gobierno imperial: deben observar a Guatemala en todos sus períodos desde que era cachiquel hasta que subió a República soberana y federal: deben meditar la naturaleza respectiva de cada uno de los gobiernos que la han administrado y los efectos necesarios que debía producir su forma en la civilización, moralidad y carácter de sus habitantes.

Un gobierno es decisivo de la suerte de los pueblos. Tiene todos los poderes: se ocupa exclusivamente en ejercerlos; y los emplea en llevar al término que quiere a los hombres desvalidos, distraídos o dedicados a atenciones de diverso género. La historia de Luis XIV, protector de las artes y ciencias, es la de Francia ilustrada por los talentos más brillantes. La de Godoy que tuvo el atrevimiento de gobernar sin haber aprendido la ciencia difícil de los gobiernos, es la de España que llegó casi a ser borrada del mapa de Europa.

Conociendo la forma de un gobierno: leyendo la Constitución que lo ha creado u organizado; y viendo las manos que lo dirigen, yo no exigiría otros datos para adivinar los destinos de una nación. Diría asertivamente sin temor de equivocarme: los pueblos serán ignorantes o civilizados: pobres o ricos: inmorales o virtuosos: brillarán en el horizonte de las repúblicas libres, o volverán a la oscuridad de las colonias o provincias subalternas.

Si Guatemala ha tenido cuatro estados principales, y en cada uno de ellos ha sido regida por gobiernos diversos: si dividida en naciones pequeñas y gobernadas como lo eran las de los indígenas antes del descubrimiento del Nuevo Mundo, fue conquistada por los españoles, y sometida a su imperio cerca de tres siglos: si proclamándose independiente del gobierno de Castilla fue, cuando empezaba a gozar de su independencia, sujetada a México y administrada por el gobierno de la Nueva España; si pronunciada por vez segunda su libertad se ha erigido en República independiente y federal, parece que su historia debe tener cuatro grandes secciones: Guatemala Indica: Guatemala provincia de España: Guatemala provincia de México; y Guatemala República libre. Estos son los cuadros que debe pintar el historiador digno de la nación.

No han ocurrido en ella las guerras estrepitosas que llenan los anales de otros estados.

Una paz de siglos ha distinguido a Guatemala; (2) y en sus pueblos jamás se han visto revoluciones tan horrorosas como las que han desolado a otros.

Pero ¿dejará de interesar el cuadro de una nación pacífica que en su mayoría ha conocido los valores del orden y tranquilidad? ¿de una nación justa que ha sabido respetar los derechos de los demás? ¿de una nación prudente que no proclamó sus fueros y libertades sino en el momento de la oportunidad, cuando podía hacerlo sin sangre ni muertes?

---

(2) Esto se escribió en 1825.

SECCION I: GUATEMALA ÍNDICA (O CACHIQUEL)

El primer período de la existencia de una nación es siempre oscuro o muy poco luminoso. Los pueblos son como los hombres. No conservan de su infancia más que una memoria confusa, que si recuerda algunos hechos, no tiene presentes otros, ni ve con claridad los demás.

Esta suerte, común a las otras naciones, es también la de Guatemala. Su historia no puede penetrar en su totalidad la primera época de su ser. Pero existen algunos monumentos que en medio de las ruinas donde se encuentran comunican luces a quien sepa observarlos; y se conservan algunas tradiciones que dan conocimientos a quien se dedique a recogerlas.

Los Estados grandes ahora, después de algunos siglos, eran antes una colección de Estados pequeños e independientes, que la fuerza, o los pactos fueron reuniendo y haciendo partes integrantes de una sola nación.

España, que es al presente un solo reino de 15.005 leguas cuadradas, estaba antiguamente dividida en el principado de Asturias, el condado de Castilla, el de la Cataluña, el reino de Navarra, el de Aragón, etcétera: y los príncipes, condes y reyes que gobernaban esos pequeños reinos, rivales unos de otros, se hacían guerras y traiciones frecuentes.

Guatemala, que es ahora una República de 25.000 leguas cuadradas, estaba antiguamente dividida en pequeñas naciones de indios, independientes del Imperio mexicano, y gobernadas por reyes, electivos unos, y hereditarios otros, contrarios entre sí: pero todos, dice un escritor, enemigos acérrimos de la dominación a que aspiró siempre México.

Las más principales eran la nación de los Zutugiles, cuya capital estaba en Atitlán, que ahora se llama Sololá: la de los Kichees, que tenían la suya en Utlatán, gobernada por el rey Kicab, señor de un numeroso vasallaje: la de Ruiaalxot, compuesta de Comalapa, Sacatepec, etcétera: las de Sapotitlán, Soconusco, Verapaz, etcétera:

la de los Cacchiqueles o Guatemalanas que tenían su corte en Patmamit en el lugar donde ahora está Tecpanguatemala, cuyo último rey fue Ahpotzotzil, que tenía tantos pueblos que erigió en soberano de muchos a su hermano Ahpoxahil.

Hacer todas las inquisiciones y reunir todos los datos posibles para conocer esos pequeños reinos: averiguar los usos o costumbres que les servían de leyes fundamentales: manifestar la especie de gobierno que los regía y la religión que profesaban: dar idea de las lenguas que hablaban, y deducir de ellas y de los monumentos que existen y tradiciones que se conservan la suma de conocimientos que formaban sus artes y ciencias: son los deberes del historiador que forme el cuadro de Guatemala en su primera edad.

No es de poca instrucción, ni carece de títulos para interesar, el de una época que es la primera de nuestra vida pública. Viendo a indios que se creen salvajes reconocer y sostener con energía los principios sociales de más importancia para las naciones: viéndolos defender con valor su independencia de México, basa fundamental de su felicidad; viéndolos elegir a sus primeros jefes o magistrados y confesar así, en tales elecciones, uno de los derechos más preciosos de los pueblos: viéndolos calcular el tiempo, y arreglar a sus movimientos sus trabajos rurales y políticos, es imposible que los hijos de Guatemala dejen de penetrarse de gozo. Ven en su primera edad del germen de los primeros principios: ven a sus padres dando lecciones a su posteridad.

SECCION II : GUATEMALA PROVINCIA DE ESPAÑA

Los indígenas vivían gobernados por jefes que elegían ellos mismos, cuando el genio hizo un descubrimiento que mudó de repente su posición. Colón descubrió la América, España mandó conquistadores.

Pedro de Alvarado, abriéndose paso por Soconusco y Sapotitlán, a pesar de la resistencia que le hicieron los indios, y especialmente el Rey de los Kichees, llegó al fin a la corte de los Cachiqueles; y el 25 de julio de 1524, fundó la ciudad de Santiago, en el sitio que primero se llamaba Panchoy, después Almolonga, y últimamente Ciudad Vieja.

A la época de la conquista de Guatemala y dominación de España sobre ella, dos grandes asuntos ocupaban especialmente la atención del Gobierno español: Plantear el poder absoluto destruyendo hasta los vestigios del sistema constitucional, y sostener la religión católica con toda la severidad que había entonces en el sistema inquisitorial.

Carlos V empezó a abrir los cimientos del poder absoluto: sus sucesores acabaron de levantar el edificio horroroso que él había empezado: se comenzó a dar a los reyes de España el título de Majestad: cesaron los Cortes: se acabó la Constitución: una revolución de la trascendencia más lata dividió a la Europa en la religión que profesaba: el Norte adoptó la reformada, y el Mediodía se afirmó con entusiasmo en la católica: Felipe II mandó establecer el tribunal de la inquisición de los Países Bajos, para impedir los progresos de la luterana: Felipe III, para conservar pura la católica, decretó la expulsión de más de 900.00 moriscos que tenían riquezas, y ejercían las artes útiles: se vio con horror a los extranjeros: se estableció por todas partes la inquisición.

La influencia de estos grandes acontecimientos era preciso que se hiciese sentir en Guatemala y las demás naciones del Nuevo Mundo.

Poder absoluto y espíritu inquisitorial fueron el sello distinto del gobierno en América y en España , para nosotros y para nuestros padres. No era permitido hablar de Cortes. Estaba borrada en el

Diccionario de la lengua castellana la palabra derechos de los pueblos. Monarquía absoluta y Feudalismo, origen de la aristocracia posterior, era el gobierno de aquella época.

Que la América se cerrase a toda relación con los extranjeros: que los descubridores se informasen de la diversidad de las naciones de indios y de los señores a quienes obedecían: que por medio del comercio cuidasen de atraerlos a su amistad: y asentada la paz con ellos procurasen que los predicadores se juntasen con la mayor solemnidad a persuadirles los misterios de nuestra santa fe: que estando domesticados les dejasen un sacerdote que los doctrinase y pusiese en buena policía: que hiciesen después unas fortalezas o casas fuertes: que tuviesen los descubridores y pobladores a los indios en encomienda, defendiendo los encomenderos a las personas de los indígenas, y pagando estos a los encomenderos los tributos correspondientes: que no se fundasen poblaciones en las costas, sino en lo interior lejos de las relaciones extranjeras, sobre montañas, o inmediatas a los minerales: que no se permitiese a los indios tener armas defensivas, ni ofensivas, este fue el plan de aquellos tiempos, consignado en las leyes (3) de cuya colección se formó el código de Indias.

El celo que quería abolir la religión pagana y plantar la católica destruyó los monumentos de los indios que podían dar luces sobre sus opiniones religiosas y morales, su disciplina y sus cultos. La política del Gobierno que deseaba substituir el de los españoles al de los indígenas hizo destrucciones de otro orden y borró ideas de otra especie. Desaparecieron los sacerdotes, depositarios de la teología, liturgia y astronomía de los indios: desaparecieron en su mayor número los caciques que habían recibido educación, y tenían por ellas y sus empleos algunas luces o ilustración. Quedó lo más infeliz, lo más ignorante de los pueblos; y a esos hombres que quedaron no se permitía tener un baile ni montar una caballería. (4)

La pobreza, la miseria, la ignorancia, el embrutecimiento debían ser efectos precisos de un sistema tan funesto. No había esperanza de que a una noche tan oscura siguiera al menos un crepúsculo de media luz. El abatimiento era el carácter del guatemalteco y los demás hijos de América. Sentían la necesidad de la independencia. No tenían valor ni ilustración para emprenderla.

El mediodía y el centro de América seguían en posición tan triste, cuando en el norte se hizo una revolución que debía extender su influencia a todo el Nuevo Mundo. Los Estados Unidos sujetos a Inglaterra, donde había constitución, representación nacional, libertad de imprenta y espíritu público, tenían gobiernos, caracteres, costumbres y luces que no había en las provincias sometidas a España, donde dominaba el poder absoluto, y no se permitía el justo derecho de pensar y escribir. El norte se pronunció independiente de Inglaterra: la España auxilió su independencia; y franqueándoles auxilios para sostener sus derechos, manifestó al centro y mediodía que eran justos los suyos.

---

(3) Leyes 1,2, y 6, título IV, libro IV, título V, y I título IX, libro VI de la Recopilación de Indias.

(4) Leyes 33 y 38. título I, libro VI de la recopilación de Indias.

Un hombre extraordinario, superior a los que existían de su género: Bonaparte, carácter eminentemente emprendedor, mente vasta que abrazaba un mundo entero en sus combinaciones, puso en movimiento a la Europa. Quiso abolir las dinastías antiguas y crear otra nueva en su familia: arrebató a España el cetro de su rey para ponerlo en manos de su hermano; y el español, deprimido por el poder absoluto, pero no destruido jamás, desplegó entonces una heroicidad que será inmortal en la historia del mundo. La agresión más injusta hizo proclamar derechos que no se oyeran en la Península: hizo sentir los horrores del poder absoluto y la necesidad de una constitución: hizo pensar y escribir.

Un mar de luz pasó repentinamente de las costas de España a las de América. Los hijos del Nuevo Mundo vieron claros sus derechos: conocieron la oportunidad del momento, y meditaron el plan de su libertad.

SECCIÓN III: GUATEMALA PROVINCIA DE MÉXICO (TERCERA ÉPOCA)

En todas las provincias del Nuevo Continente empezó a proclamarse independencia. Guatemala dio igual voz, porque Guatemala es como Chile, Buenos Aires, Perú, Colombia y México: una sociedad política de hombres que tienen los mismos derechos que los chilenos, bonairinos, peruanos, colombianos y mexicanos.

Los pueblos empezaban a gustar las perspectivas de felicidad que les prometía su justa independencia. Los que aman a su patria sin ambición de empleos ni codicia de sueldos, comenzaban a pensar en su bien más sólido y general. Esperanzas lisonjeras los penetraban de gozo cuando las vieron tristemente frustradas.

Guatemala, que en 15 de septiembre de 1821 se había pronunciado nación independiente y soberana, se vio el 5 de enero de 1822 injustamente agregada a México como un apéndice subalterno de aquel Gobierno. Diez y ocho meses estuvo humillada en esta oprobiosa situación... Yo quisiera que se borrara de la memoria de los hombres ese período ignominioso de su existencia. Quisiera que se aniquilaran esos meses, reduciéndose a verdadera nada sin recuerdo alguno de haber sido jamás. Quisiera que saltara el tiempo desde el 5 de enero de 1822 hasta el 1ro de julio de 1823, uniéndose estas dos fechas como si no hubiera espacio divisorio entre ellas.

Pero conviene para hacernos prudentes en lo futuro la memoria afrentosa de lo pasado. La historia debe ser fiel y superior a todo. Que su voz respetable nos cubra justamente de vergüenza: que elevándose a la región pura de la verdad diga desde ella con energía imparcial y valiente que debe ser su carácter distintivo: En Guatemala unos opinaron y escribieron contra su patria: otros obraron y tomaron armas contra ella: otros se contentaron con pensar y escribir a favor de sus derechos, debiendo recorrer los pueblos principales para ilustrarlos sobre sus verdaderos intereses e impedir que fuesen sorprendidos con sofismas o alarmas: otros no supieron defenderla y su derrota ha aumentado el orgullo de los agresores; en México se dio al deseo de mando una libertad que es preciso llamar loca. Un gobierno que acababa de nacer quiso pensar en conquistas: un gobierno que aún no tenía asegurado el terreno mexicano se avanzó a pensar en el centroamericano: un gobierno que sólo en la administración de Nueva España tenía asuntos para ocupar a tres gobiernos, quería administrar la extensión inmensa que hay desde Tejas y la Alta California hasta el Istmo de Panamá.

Pero publicando la verdad en toda su pureza, la historia no engendrará odios ni venganzas. No es autora de discordias ni de guerras intestinas. Es maestra experimentada de prudencia, y sus lecciones, derivadas de los siglos, no son de mal sino de bien. Se place en los odios políticos que tienen por objeto el espíritu de conquista, el de intervención en los negocios de otra nación, el de dominación absoluta. Pero carga de horror a los odios personales que vuelven unos contra otros a individuos que deben presentarse animados de un mismo espíritu. Enseña a ser previsores, cautos y prudentes, pero quiere que todos se unan en derredor de la patria: que todos sean ciudadanos, amigos, hermanos, colaboradores en beneficio de la madre común, penetrados de aquella rivalidad noble del talento y mérito, que ha sido siempre la creadora de los hombres grandes. Trabaja (porque es preciso formarlo) el cuadro de los siglos o años de ignominia y desgracia. Pero vuela llena de gozo y alegría a las épocas de honor y de gloria.

SECCIÓN IV: GUATEMALA REPÚBLICA INDEPENDIENTE Y LIBRE

Es contrario a la naturaleza de las cosas, dice el sabio Marqués de Laplace, que un pueblo continúe siempre gobernado por otro muy distante. Puede afirmarse que al fin esa causa constante de la distancia, uniéndose con otras que obran en el mismo sentido y va desenvolviendo el tiempo, restituirá al pueblo sometido su independencia natural.

Es imposible que permanezca eternamente esclavo el pueblo que gustó alguna vez su libertad: es imposible que esté siempre dependiente el que llegó a pronunciar un día su absoluta independencia.

El 15 de septiembre de 21 era pronóstico del 1ro de julio de 1823. Los vivas del uno eran predicciones de los vivas más reiterados del otro. ¿Cómo era posible esperar que Guatemala estuviera sometida a México sabiendo que es provincia como las demás que formaran la monarquía española: haciendo comparaciones diarias de sus derechos con los de las otras: viendo sus sacrificios, y conociendo todos los valores de su independencia?

Amaneció al fin el día más claro de nuestra atmósfera. El 1ro de julio de 1823, en medio de aclamaciones, enhorabuenas, felicidades y dulces sentimientos, dijo la Asamblea Nacional: la incorporación de estas provincias al extinguido imperio mexicano fue una expresión violenta arrancada por medios viciosos e ilegales.

Guatemala tornó a ser Nación independiente y libre. Recobró sus derechos: y comenzó a ejercerlos. Pero esos dos años, pequeños en la medida del tiempo, son siglos por la sucesión de acontecimientos ocurridos rápidamente unos tras otros. ¿Cuánto tiene que publicar la historia viendo la última mitad del año de 23, contemplando todo el de 24, y observando todo lo que ha corrido hasta ahora de el de 25.

Ella presentará el cuadro interesante de la República de Centro América en la época de su libertad: ella manifestará el plan y marcha de los tres poderes supremos: ella publicará retratos fieles de los hombres públicos: ella hará justicia a las virtudes y a los talentos: ella tendrá valor para decir la verdad en toda su pureza.

No siendo perdidas sus lecciones: aprovechándose de ellas la República, será digna de tener lugar en la Carta de América: dará honor al Nuevo Mundo: hará la felicidad de sus hijos.

MIS PENSAMIENTOS

Se han creado Ciencias para hacer progresar el comercio, la agricultura y todos los ramos de riqueza pública. Debe crearse una ciencia para hacer progresar las Ciencias.

Esta Ciencia debe tener como las otras principios fijos que sirvan de base a toda la Obra.

Los reglamentos de Universidad, las constituciones de Colegio han embarazado los progresos de las Ciencias en vez de cultivarlos.

Los métodos de estudio publicados hasta ahora, no forman un sistema razonado digno del nombre de Ciencia.

El principio fundamental de las Ciencias debe ser: Dejar libre el talento, así como el axioma cardinal de la Economía política es: dejar libre el interés de los agentes del comercio, agricultura e industria. Que las Ordenanzas, Constituciones o Reglamentos no ordenen lo que deba enseñarse. Que la ley no se entrometa a dictar lo que debe formar los cursos de estudios.

Un sabio es obra de muchas causas. Una de ellas son los alimentos. Sería de desear que cada Literato llevase un Diario exacto de lo que acostumbra tomar haciendo las notas u observaciones oportunas sobre la situación en que se hallaba, alimentos que tomaba, cet cuando le ocurrieron pensamientos grandes. Estas observaciones podrían tal vez llevarnos a crear si es posible, un Arte para producir hombres grandes.

Los Religiosos, reducidos a comunidad, los ricos nobles, unidos en corto número, los individuos de otras clases, forman cuerpo, tienen sistema de corporación dirigido a su engrandecimiento. El pueblo, demasiado numeroso, no llega a formar cuerpo, y por eso los demás gravitan sobre él y se elevan a su costa.

Se ha elevado el Genio hasta descubrir los resortes del Mundo. Se ha trabajado en formar la Ciencia de los Gobiernos, es decir la de regir millones de hombres.

¿Por qué no se ha de aspirar a la formación de la Ciencia de los progresos de las Ciencias?

Posee su idioma aquel que tiene voces para expresar todos los seres de la Naturaleza, todas sus aptitudes, todas sus combinaciones, todas las progresiones de sus estados, todas las especies de sus movimientos, todas las clases de fenómenos. Quien no llega a este grado de riqueza no es poseedor de su idioma. Mueren los Sabios sin serlo.

Thompson no tenía colores para pintar muchas de las bellezas de las estaciones y Buffón fue incapaz de hacer cuadros de muchos originales. Mientras haya un solo objeto, un sentimiento, o belleza que no podamos expresar, no podemos considerarnos dueños del idioma. Yo salgo al campo al principio del día. La luz tierna de la mañana, las clases infinitas de verdes, la multitud incontable de figuras en las hojas, la diversidad de sus recortes, el brillo distinto de los globitos de agua asentados en ellas y no tocándolas más que en un punto, la variedad inmensa de frescura en todo el sistema vegetal, tantos colores que no pinta el prisma de Newton, me dan deleites que no puedo expresar. Siento multitud de placeres. Quiero expresarlos y no encuentro voces para algunos. Yo no poseo el idioma.

Fernando III, rodeado de ricos-hombres, del clero y de los Obispos, dijo a su hijo Alonso: "Premiad a los Literatos y tendréis Literatos".

Nubes iluminadas por los rayos del mediodía arrebatan mi admiración. Quiero pintarlas y me faltan colores. Su blancura objeto de mi éxtasis, no es la blancura diamantina de la nieve, ni la blancura dulce del capullo de algodón, ni la blancura brillante de la plata, ni la blancura del espejo. Es una blancura que no puedo retratar. Yo no poseo mi idioma, o mi idioma no tiene colores para todos los lienzos de la naturaleza.

Esta hermosa blancura de los nubes es retratada por la pintura con la blancura triste del yeso o albayalde, que en nada se le asemeja. La pintura es pobre como mi idioma.

Podría formarse un paralelo de la pintura y el idioma para calcular las ventajas respectivas. La pintura sólo tiene tantos colores. Estas son las palabras de su alfabeto. El idioma no tiene más que tantas voces. Estas son sus colores.

Ningún idioma tiene hasta ahora un diccionario perfecto. Para formarlo con la posible perfección debería ponerse la palabra, indicarse su origen, fijar con exactitud su propia acepción, esclarecerse con diversos ejemplos, manifestarse todas sus significaciones sucesivas, pero explicando los raciocinios que se han hecho para extenderla de su primera acepción a la segunda y tercera y dando ejemplo en cada una.

Cada artículo debe ser la historia llena de cada palabra comenzando desde su etimología hasta los últimos límites de su extensión. Un Diccionario sería entonces una Obra sublime de raciocinios que enseñando los formados sobre cada palabra enseñaría a formar otros, y los idiomas se enriquecerían prodigiosamente.

Se ha observado la edad de los animales, designado en cada especie, los períodos de su vida. Resta observar la edad de las plantas, señalando en cada planta el tiempo de su niñez, el de su pubertad, cuando dan flores, cuando producen frutos, los días o meses en que tardan en sazonarse estos regalados frutos cet. Estas tablas no serían menos útiles que las otras.

Los poetas han sabido pintar la belleza de la naturaleza porque viven de continuo en las ciudades. Siempre se habla con entusiasmo de lo que se ve lejos.

Una misma obra, la misma página de un mismo libro produce diversos pensamientos según la situación y tiempo en que se lee. Otro de los secretos grandes para aprender es repetir la lectura y meditar en diversos tiempos los libros de los Maestros.

El idioma más próximo a la sublime perfección, un idioma formado por filósofos no sería jamás retrato exacto de nuestros pensamientos, ni pintura verdadera de la naturaleza y sus hermosuras. Sería solamente un excitativo que nos recordaría lo que hemos pensado o sentido. Leed las descripciones más bellas de los Genios, la de la tempestad y todo su espantoso aparato en las Estaciones de Thompson, las del amor infeliz en la Dido de Metastasio cet.

Pope cantando himnos al Padre de todo, Young presentando su libro al Eterno, Buffón pidiendo a Dios que restituya la calma a la tierra agitada, son cuadros grandes que elevan y enternecen a quien los contempla.

PENSAMIENTOS SUELTOS PARA LA MEMORIA SOBRE LA LIBERTAD DE IMPRENTA

Son cinco los períodos que deben distinguirse: 1º. El tiempo corrido desde que el hombre empezó a manifestar sus pensamientos con gestos y gritos hasta que comenzó a formar idiomas o lenguas articuladas: 2º. El tiempo corrido desde los idiomas hasta que empezó a hacer jeroglíficos y figuras para expresar sus ideas y sentimientos; 3º. El tiempo corrido desde los jeroglíficos hasta la invención del arte de escribir; 4º. El tiempo corrido desde la invención del arte de escribir hasta la de la imprenta; 5º. El tiempo corrido desde la invención de la imprenta hasta nuestros días.

Sobre la expresión del pensamiento con figuras y jeroglíficos debe leerse el art. Ecriture de la Enciclopedia. Y sobre la invención del alfabeto la carta de Volney.

En el primer período de la lengua de acción había libertad de expresión. Ninguno prohibía hacer gestos.

En el segundo de los idiomas hubo libertad al principio, no la hubo después.

En el tercero de los jeroglíficos había cuatro especies de escritura: la epistólica que era reservada al gobierno, la hierogramática era exclusiva de los sacerdotes, y la hierogrífica y simbólica eran embarazosas.

Los gobiernos impiden o coartan la libertad de escribir: 1º. Manteniendo a los pueblos en la ignorancia del arte de escribir, 2º. Haciéndolos tan pobres que no osen escribir contra sus opresores; 3º. Embarazando las relaciones con los que pueden ilustrarlos; 4º. Prohibiendo la libertad de escribir; 5º. Reservando los asuntos, haciendo que la política sea un misterio escondido en las cortes.

En el período del idioma de acción había libertad porque el hombre no expresaba más que sus primeras necesidades, y no había peligro en la expresión de ellos.

Las leyes de Judea están en la Biblia, y ninguna prohibía la libertad de pensamiento.

PERIODO 1°.

Todo es gradual en la naturaleza. La fruta que ahora es madura y sabrosa era antes verde e insípida. El hombre sabio por sus talentos, que admira por la inmensidad de sus conocimientos, feliz por sus virtudes, era embrión oscuro, escondido en un seno tenebroso. La especie humana, civilizada y rica fue bárbara, pobre y miserable.

Todos los hombres eran salvajes en Asia y Europa, en África y América, todos vagaban dispersos comiendo los frutos, las raíces o las hojas que les daban los vegetales. No había otra sociedad que la de los sexos y los hijos, productos de su unión, no había más que familias errantes por los campos, o fijas en los lugares que ofrecían subsistencia más fácil. Los conocimientos que se tenían eran limitados como las necesidades que los hacían nacer. El idioma que se hablaba era únicamente el de los gestos y gritos. Esas familias no eran unidas todavía en pueblos y naciones.

Este período se pierde en la noche primitiva del tiempo. No hay Anales que lo iluminen, ni Archivos que presenten documentos para inferir de ellos los grados sucesivos por donde fue pasando el hombre hasta llegar a formar sociedades políticas. Pero la Razón no se equivoca cuando manifiesta que esta época, la primera del género humano, fue muy larga y dilatada. Los progresos de un salvaje son muy lentos, y es preciso que lo sean. No tiene un idioma que le facilite el arte sublime de pensar, no tiene métodos que le ahorren tiempo y trabajo.

Es como el hombre que carece de palancas, ruedas y máquinas para marchar. No había tiranos, instituciones ni leyes que le coartasen el pensamiento. Pero el estado mismo en que se hallaba el hombre lo tenía coartado y embarazado en sus progresos. Los seres de la naturaleza obraban sobre el hombre. Este sufría la acción penosa o gozaba su influencia plácida, sentía el sabor de una fruta regalada o el dolor de una espina aguda, sentía placeres o penas, tenía necesidad o deseo de procurarse los primeros y evitar las segundas, pensaba en los medios precisos para disfrutar los unos y prevenir o aliviar las otras, hacía gestos o daba gritos para comunicar lo que pensaba, era impelido a pensar y hacía esfuerzos para expresar sus pensamientos. Pero los placeres o penas, los deseos o necesidades de un salvaje no son tan multiplicadas como las del hombre social que se ha vuelto deseo permanente, o necesidad continua.

Los pensamientos del salvaje eran limitados como su necesidades, origen primero de ellos. Buscaba la sombra de un árbol para no sufrir los rayos abrasadores del sol, y no sentía la necesidad que le impelen a pensar en palacios y en la multitud de artes necesarias para construir los palacios. Quería comunicar sus pequeños pensamientos, y no tenía idiomas articulados para expresarlos.

Todos eran iguales y libres. Pero la naturaleza tenía coartada la libertad del pensamiento y su expresión. Eran niños e infantes. Las instituciones humanas les prohibían andar. Pero la naturaleza no desarrolló sus órganos. Sus leyes son las que los tienen inmóviles sin libertad para dar un paso.

El derecho de pensar y expresar el pensamiento era en este primer período de nuestra especie el derecho de sentir hambre, sed, frío, calor, cet, el de buscar las frutas de un vegetal, las aguas de una fuente, la sombra de un árbol, cet, el de hacer gestos o lanzar gritos para manifestar los deseos o sentimientos.

Ninguno tenía potestad para reglamentar los gestos y gritos o sonidos inarticulados. Todos eran iguales, y los que lo son no tienen autoridad unos sobre otros. Pero si alguno lanzaba gritos o hacía gestos para que se hiciera daño a otro, el que lo temía volaba a quien excitaba o provocaba.

Había entonces una lucha obstinada de fuerzas, eran grandes los daños recíprocos que se hacían los combatientes, y esas luchas se repetían siempre en casos semejantes. Sintió el hombre que no debía hacer daño al hombre, y esta fue la ley sencilla con que la naturaleza arregló los gestos y gritos. Este fue el reglamento único de la expresión del pensamiento en la época primera en que empezó a haberlo.

PERIODO 2°

En la segunda llegaron los hombres del antiguo y nuevo mundo a unirse en pequeñas poblaciones, origen de los grandes estados. Individuos de familias independientes entre sí y descendientes de un padre común, pero vecinas unas de las otras, se unieron espontáneamente en los trabajos de la caza, de la pesca, de la defensa común de las fieras o enemigos que las amenazaban.

Actos repetidos por mucho tiempo hicieron sentir las ventajas de la unión. Se formaron sociedades que se fueron perfeccionando sucesivamente.

La especie siguió su marcha que le designaba la naturaleza. Los hombres fueron haciendo progresos lentos pero sucesivos. Aprendieron a pescar y cazar, a domesticar algunos animales, a conservar el fuego, a reproducirlo y preparar algunos alimentos.

Empezaron a formar un idioma de voces o sonidos articulados, más claro y ventajoso que el de gestos o gritos, a expresar con danzas y cantos los sentimientos dulces de una alegría pura. Vieron que semillas arrojadas por el viento germinaban espontáneamente, y esta observación casual pero importante les enseñó a sembrar las más útiles en los terrenos donde les convenía cultivarlas.

Nació la propiedad territorial, hubo graneros, comenzaron los cambios, y empezó a hacer poblaciones fijas que no variaban de suelo como las familias errantes de pastores.

En ellas había alguna forma de gobierno. Todos eran individuos de la población, todos tenían parte en el gobierno, todos se reunían para decidir los asuntos de la comunidad, era el bosquejo de las repúblicas que han brillado después en la tierra.

El derecho de pensar y hablar, libre como los demás derechos, tenía latitud más grande, se extendía a mayor número de objetos, y en ninguno de ellos era coartado. Los hombres estaban muy cerca de la época primera de su libertad primitiva. No había dado todavía los pasos ni hecho las reformas que llevan a la tiranía. Todos eran iguales. Libremente pensaban, libremente hablaban sobre el cultivo de sus plantas, los granos de sus trojes, sus arcos y flechas, sus pescas y cazas, sus amores y sus hijos.

PERIODO 3º

La sociedad, pequeña en su extensión, informe en sus instituciones, fue avanzando en sus progresos. Se iba aumentando la población, dilatando el cultivo, mejorando la industria, dividiéndose las ocupaciones, multiplicándose las necesidades, desenvolviéndose los talentos y desarrollándose el germen de la desigualdad.

Los que manifestaban más juicio en las deliberaciones de sus pequeñas asambleas, los que acreditaban más fuerzas en la lucha o en los combates, los que se distinguían en la caza o la pesca, los que tenían más granos, terreno o propiedad, merecían mayor consideración y eran más respetados. Comenzó a formarse una especie de aristocracia, inocente al principio porque no hacía daño, útil en muchas ocasiones porque se empleaba en hacer bien, gravosa al fin, en el transcurso del tiempo, cuando empezó el abuso del poder que daban las fuerzas, la riqueza o el talento.

Los más poderosos se veían considerados, respetados y servidos por los demás, y este sentimiento de superioridad, por una parte, de humildad por otra, empezó a dividir la sociedad en dos sociedades.

Las asambleas donde al principio hablaban todos con igual libertad, fueron después partidas en dos clases, una que tomaba la palabra y manifestaba su opinión con tono de superioridad, y otra que callaba y seguía el voto de aquélla.

1º. La libertad de imprenta es uno de los derechos más justos del hombre. 2º. Lo manifiestan los filósofos.

3º. Lo demuestra la Razón.

4º. Ha tenido sin embargo la suerte común a los demás derechos. Ha sido sofocada en las monarquías absolutas, y preservada en las constitucionales.

5º. En las monarquías absolutas los reyes quieren conservar la posición en que se hallan. En las monarquías constitucionales se respeta la ley. En las repúblicas todos sienten los deseos de los derechos de libertad e igualdad.

6º. En los tres períodos en que han ocupado estas tres especies de gobierno el de las monarquías absolutas es el más dilatado.

7º. Desde los dos períodos en que se divide la historia del pensamiento, el de su esclavitud es el más dilatado.

8º. Para que no sea sofocada la libertad de pensar es preciso que haya gobiernos constitucionales, para que existan gobiernos constitucionales es preciso que haya ilustración en los pueblos, y para que haya ilustración en ellos es necesario que haya libertad de pensar. Hay aquí un círculo embarazoso.

ENSAYO SOBRE UNA CIENCIA QUE ENSEÑE A REPRODUCIR LAS ACTITUDES EN QUE EL HOMBRE ES MÁS PENSADOR

Después de haber vagado por la naturaleza admirando sus bellezas y estudiando sus leyes, yo volví al fin a mí mismo. Yo pensé en mí, yo observé los fenómenos de mi ser.

Entra en este salón espacioso, fresco y alegre por la vista del vergel que se divisa desde aquí. Mira esta Biblioteca, formada de las producciones más eminentes de los siglos ilustrados. Todos los libros están divididos en las mismas clases en que ha sido ordenado el Sistema de las Ciencias, y cada uno de ellos es un monumento de gloria para su autor, y una fuente de delicias para los lectores.

Yo quería gozarlas en todos los momentos de mi vida. La pasión del estudio ha sido la primera de mi alma, y no era víctima de otras que alejan de aquella. Pero observé, un fenómeno que creo general en todos los amigos de las Ciencias.

Había días en que la lectura era deliciosa para mí. Yo devoraba el libro que elegía para mi instrucción. Meditaba con gusto, y veía nacer pensamientos verdaderos o falsos, provechosos o inútiles.

Había por el contrario otros días en que no me agradaba la lectura. Quería pensar y no podía. Mi cabeza estaba torpe, la violentaba a meditar, y no había en ella pensamientos ni reflexiones ni raciocinios.

Los primeros eran de gozo, contento y alegría y los segundos de tristeza, abatimiento y pena. Yo quería multiplicar los unos y eliminar el número de los otros. Era natural este deseo, efecto preciso de una de las leyes de la naturaleza humana ¿cuál es el hombre que no quiere aumentar sus gozos y menguar sus tormentos?

No hay fenómeno alguno que no sea efecto de causas naturales y constantes. Voy a investigar, dije, las que me dan días alegres y las que me hacen sufrir días tristes. Voy a observarme a mí mismo y a los seres que influyen en mi yo.

¿En qué otra parte puedo encontrar lo que busco y me interesa tanto saber?

No hubo desde entonces día que no fuese de observaciones detenidas. Si pensaba con placer y la meditación era fecunda, si repugnaba el pensamiento y mi cabeza era estéril, volvía en uno y otro caso la atención al régimen de mi vida, al estado de la atmósfera y a la marcha o aspectos de la sociedad, doméstica y política.

Para formar un cuerpo de observaciones y deducir de ellas los resultados que deseaba, empecé desde entonces a llevar un Diario, minucioso de los detalles que era necesario indicar, pero fecundo en los datos que deseaba para fundar raciocinios exactos o seguros.

Yo veía el termómetro, y apuntaba el grado de calor o frío, veía el higrómetro y expresaba el de la humedad o sequedad, veía la atmósfera y notaba su estado, claro y despejado, o nublado o sucio, observaba el viento, e indicaba el que corría, recordaba los alimentos que había tomado, y manifestaba la buena y mala digestión que había hecho, observaba los sucesos domésticos o políticos, y daba alguna idea de las sensaciones que me habían causado.

A pocos meses vi un rayo de luz que me penetró de gozo puro y alegría indecible. ¿Cuál es, en la escala infinita de placeres el que pueda compararse con el de encontrar lo que se busca, o descubrir lo que se desea?

Yo lo vi claro, y no tuve duda alguna. Pienso alegre y contento en la estación de las aguas cuando la atmósfera refrescada por ellas humedece mi cuerpo seco y enjuto, cuando el cielo es bello, claro y despejado, cuando la temperatura no sube de los 68 ni baja de los 57 grados de Fahrenheit, cuando no me he excedido en la mesa, no tomando alimentos que hacen mala digestión, cuando en la familia de que soy padre y en la nación de que soy individuo no han ocurrido sucesos que me exalten con alegrías intensas o que me abatan con pesadumbres dolorosas.

Si son diversas las organizaciones físicas, diversos los temperamentos, diversas las profesiones de los hombres, deben ser distintas también las circunstancias en que cada uno sea pensador. ¿Pero será posible que no haya leyes comunes y constantes, hechos generales, principios universales? ¿Si los hay en los demás órdenes de fenómenos, no los habrá en éste que corresponde a la misma naturaleza humana?

Todos los hombres son individuos de una misma especie, y tienen este carácter en cualesquiera zona, o cualquier paralelo en que vivan. Debe haber leyes o principios generales, de ellos deben deducirse consecuencias exactas y precisas, y de la reunión de todas puede formarse un cuerpo de doctrina, que sea una Ciencia como lo son otras formadas por objetos menos importantes.

Es un bien la salud y para prolongar el tiempo en que el hombre está sano se estudió su naturaleza y de su estudio se derivó la Ciencia que se llama Medicina. Es un bien la Virtud, y para perpetuar el estado en que el hombre es justo, se hizo estudio de él, y se formuló la ciencia que se denomina Moral. Es un bien el Pensamiento y para multiplicar los días en que el hombre es pensador, ¿no se habrá de crear otra Ciencia ni dado nombre a la que se haya inventado? Si se han formado las primeras, ¿habrá escapado la tercera al celo filantrópico de los Sabios, bienhechores de la especie?

Al contemplar tantos siglos ocurridos desde que los hombres comenzaron a pensar, al ver tantas producciones suyas en tantas obras brillantes, reunidas en esta y demás bibliotecas del mundo, al considerar tantas artes inventadas por ellos desde la caza y la pesca, que fueron de las primeras hasta las más sublimes de nuestra edad, creí, que, ejercitados en pensar por espacios tan dilatados de tiempo, habrían de crear la Ciencia que descubriese las leyes o presentase las reglas más eficaces para ser Pensador.

Yo registré los libros que tenía y los que pude conseguir para saber si estaba en ellos bosquejada al menos o delineada, yo leí los Diarios de Europa que había en esta capital y dan noticia de las obras que se publican en aquella parte ilustrada de la tierra para ver si se anunciaba algo que prometiese lo que deseaba.

Mis esperanzas fueron vanas. No encontré lo que buscaba ni en los libros de los antiguos ni en las obras de los modernos, ni en los diarios de los periodistas.

Se ha estudiado al hombre en diversos aspectos, se han publicado sobre él pensamientos felices, honor de sus autores, se ha observado la influencia de los seres físicos que lo rodean.

Hipócrates, fundador de la ciencia que puede dar más luz para crear la que deseo, fue modelo de observadores, estudió al hombre en sí mismo y en sus relaciones con los gobiernos y climas que lo modifican y varían, manifestó el influjo, siempre funesto del despotismo y tiranía, y la acción benéfica de la atmósfera y seres físicos, escribió la obra eterna, Del aire, los lugares y las aguas, y puso en ella la semilla que veintidós siglos después germinó y dio frutos tan grandes en el libro inmortal del Espíritu de las leyes.

Aristóteles, uno de los Genios de la Grecia, honor de la escuela de Platón, manifestó una verdad muy grande cuando inquiriendo las fuentes de los conocimientos los encontró en los sentidos que ponen al hombre en contacto con la naturaleza entera, de ellos osó pasar al entendimiento todo lo que hay en él, analizó después y clasificó los raciocinios y analizó el Arte de formar los verdaderos y exactos.

Locke restableció, 1900 años después, la idea madre de Aristóteles, olvidada al principio y oscurecida y combatida después en tiempos tenebrosos, impugnó el error de las ideas innatas, sostenido por Descartes y propagado por sus discípulos; vio en las sensaciones el origen de todas las que tenemos, observó el progreso con que el entendimiento las va adquiriendo y se avanzó a indicar la impotencia de saber si la materia sería incapaz de pensar.

Buffón, el historiador más elocuente, que abrazaba la inmensidad de la naturaleza y quería penetrar el origen de los planetas, el de la tierra y sus montañas, investigó también el de las ideas, hizo lo que no había hecho Locke, contempló al primer hombre en el momento de la creación, manifestó el orden con que a su juicio se van desarrollando los sentidos y formando los primeros conocimientos, observó a sus descendientes en todas las zonas del globo, y explicó las modificaciones que reciben de los climas y de los alimentos.

Condillac, maestro especial en sus lecciones privadas de un príncipe que no supo aprovecharlas, y receptor universal en sus obras de todos los hombres que quieran leerlas, rectificó y dio más extensión a la filosofía de Buffón y Locke, imaginó una estatua organizada en su interior como el hombre y que animada como él de un Espíritu, pero privada de toda idea, y cubierta de mármol en su exterior, supuso que la iba abriendo sucesivamente a las impresiones de los seres, manifestó de este modo cómo va aprendiendo a oler, a oír, gustar, ver y tocar, indicó la serie progresiva de sensaciones, los actos sucesivos del alma, los nombres que expresan esos signos y las ideas distintas que deben fijar esos signos, formó su tratado memorable de las sensaciones, trabajó el Arte de pensar, el de discurrir, el de hablar y el de escribir, señaló en ellos el origen de los errores, enseñó a organizar la Ideología y publicó una verdad grande y fecunda, diciendo que las Lenguas son Métodos analíticos.

Cabanis, posesor de cuanto había escrito la anatomía, la fisiología, la medicina y la moral, entró al estudio del hombre, lleno de los conocimientos de sus predecesores y rico por sus propias observaciones.

Vio su organización física, los movimientos ejecutados por sus órganos, las determinaciones de su voluntad y el origen de sus pensamientos formados a consecuencia de los movimientos, demostró la necesidad de unir el estudio de las ciencias físicas con el de las ciencias morales, fijó por caracteres, derivados de su principio, las especies diversas de sensaciones y escribió la historia difícil de ellas, manifestó la influencia de las edades, de los sexos, de las enfermedades, del régimen y de los climas en la formación de las ideas y afecciones o hábitos morales; y presentó a los ideólogos observaciones y pensamientos luminosos para perfeccionar su ciencia.

Desttut conde de Tracy, su compañero y digno amigo, vio en Locke el primer filósofo que intentó observar y describir la inteligencia del hombre como se observa y describe la propiedad de un mineral o vegetal, reconoció en Condillac el mérito de creador de la ideología, formó el cuadro de los pensamientos de Cabanis en una Tabla analítica que hace honor a uno y otro, tuvo sabiduría bastante para aprovecharlos, franqueza noble para confesar la utilidad que había derivado de ellos, percibió los vacíos y defectos que hay en la filosofía de Locke, indicó los errores que creía ver en la de Condillac, consideró que dedicado éste a aplicar sus descubrimientos a las Artes de discurrir, hablar y enseñar, no había formado un Cuerpo de Doctrina, y se propuso llenar el vacío, subió a las sensaciones y de ellas derivó todas las facultades intelectuales, dijo que la de juzgar y la de querer son la de sentir considerado en diversos aspectos, vio nacer de la primera las ideas y raciocinios, explicó su generación o genealogía, vio derivarse de la segunda las necesidades y medios de satisfacerlas, y descubrió todo su desarrollo, formó sobre estas bases sus Elementos de Ideología, y esos elementos comprenden los de la Lógica, la Gramática, la Economía Política y la Moral.

En ellos y en las obras de sus antecesores se han publicado pensamientos y presentado observaciones que les harán honor eterno, se han creado o perfeccionado ciencias que son el testimonio más grande de la sublimidad de sus autores. Pero no se ha formado la que puede ofrecer el principio y las reglas para que los amantes de la filosofía gocen sin interrupción o prolonguen el estado feliz en que son más pensadores.

No fue este el objeto de Hipócrates, Aristóteles, Locke y sucesores. El que se propusieron fue estudiar al hombre y los seres que tienen influencia en él para descubrir la fuente de donde emanan sus primeros bienes (salud, virtud y riqueza) y sus principales males (enfermedades, vicios, errores y pobreza), mejorar su existencia y hacer de este modo más feliz o menos desgraciada su suerte.

El único entre los escritores precitados que indica algunos pensamientos que tienen relación inmediata con la ciencia que deseo ver formada y perfeccionada es Cabanis en estas precisas y dignas palabras:

—Pitágoras fue el primero que aplicó el cálculo al estudio del hombre, el que intentó someter los fenómenos de la vida a fórmulas mecánicas, el que descubrió entre los períodos de los movimientos febriles, los tiempos en que crecen y decrecen los animales, y ciertas combinaciones o retornos regulares de números, relaciones que la experiencia parece haber confirmado y cuya exposición sistemática forma lo que se llama Doctrina de las crisis. De esta doctrina se deducen no sólo indicaciones útiles para la curación de las enfermedades, sino también consideraciones importantes sobre la higiene y educación física de los niños. Acaso no sería imposible deducir algunos pensamientos sobre el modo de arreglar los trabajos del espíritu, aprovechar los momentos en que la disposición de los órganos le da más fuerza y claridad, y conservarle toda su frescura, no fatigándole importunadamente cuando el estado de remisión exige reposo. Todos pueden observar en sí mismos estas alternativas de actividad y languidez en el ejercicio del pensamiento. Pero la actividad más grande consistirá en sujetar los períodos a leyes fijas, derivados de la naturaleza y deducir de ellas reglas de conducta aplicables, con algunas modificaciones, a las diversas circunstancias del clima, del temperamento, y de la edad, y a todos los casos en que pueden hallarse los hombres. Yo hablo de aquellos estados periódicos y alternativas de actividades de reposo, muchas veces absoluto, del cerebro que se observan en algunos individuos. Como ellos dependen de los demás órganos simpáticos y resultan de movimientos análogos a los de las crisis en las enfermedades, no es imposible gobernarlos hasta cierto punto por el régimen físico y moral, y acaso producirlos artificialmente para dar una fuerza momentánea más grande a las facultades intelectuales, o para imprimirles una nueva dirección. Existe ya una parte de los materiales de este trabajo, la observación podría ofrecer fácilmente los que faltan y la filosofía uniría de este modo algunas ideas de Pitágoras y uno de los descubrimientos más preciosos de la Fisiología con el Arte del pensamiento, que si debe estudiar su formación es para llegar por este conocimiento a hacerlo más fácil y más perfecto. Trazando un plan nuevo de higiene, Moreau de la Sarthe, que parece haber conocido toda la extensión de su asunto, ha notado con particularidad este punto de vista que se representa, y el talento que ha manifestado en sus trabajos hace esperar que habrá sabido dar extensión a esta parte importante de la medicina‖.

Cabanis indica la posibilidad e importancia de este nuevo ramo de conocimientos humanos. Pero no desarrolló su pensamiento, y el punto de vista en que lo consideró es más diverso de aquel en que puede mirarse. Creyó que era una parte de la Medicina, la redujo a la esfera que debe circunscribirse esta ciencia, la contrajo a los períodos de actividades y de inercia, a la doctrina de las crisis, y a las reglas que pueden derivarse de ellas y Moreau de Sarthe, a quien cita y cuya obra no ha llegado todavía a este país, parece que la ha visto también bajo el mismo aspecto, como una parte de la Higiene, o un ramo de la Medicina preservatiz.

Ni Sarthe ni Cabanis la han examinado en el punto de vista, ni considerado en la extensión de que lo juzgo. Ninguno (de los que ha leído) ha fijado los principios o puesto las bases sobre que debe levantarse. La Ciencia ha quedado en la inmensidad de lo posible, y conviene sacarla de allí y darle un ser que interesa en tanto grado al género humano.

No hay en las naciones bien alguno que no sea derivado de las Ciencias y Artes. Si el hombre mejora cada día su existencia individual y civil, si se ha hecho propietario de las tierras tornando jardín hermoso la que era breñal espeso y enmarañado, si se ha vuelto dueño de las aguas llevándolas a donde quiere y surcándolas como le parece.

Si es señor de los animales, y va acabando las especies dañinas, multiplicando las provechosas, civilizándolas y dándoles educación que las haga más útiles, si de sus talleres salen obras más bellas, más grandes y perfectas que de los laboratorios de la Naturaleza, si ya no hay barreras para él, ni océanos, ni montañas, ni abismos, ni alturas, si en su marcha progresiva y maravillosa va resolviendo el problema tan disputado de su Perfectibilidad, es porque las ciencias y artes han aumentado sus poderes dándoles nuevos sentidos, perfeccionando su inteligencia y multiplicando sus fuerzas.

El salvaje errante por los bosques, desnudo, sin habitación, penetrado de frío, o tostado de calor, sufriendo achaques y careciendo de remedios para curarlos es la demostración viva de los males de la ignorancia. Si el hombre social, culto, ilustrado, en medio de los placeres de la sociedad, en el centro de lo más útil y lo más bello, viviendo bajo el sol sin ser quemado por sus rayos, o sobre las nieves sin ser molestado por el cielo, gozando en el norte las producciones del mediodía, y disfrutando en el sur las del septentrión, es el elogio más convincente de las artes y ciencias.

Europa, ocupada por los vándalos, los suevos, los visigodos, los ostrogodos, los galos y anglos ignoraban y despreciaban las ciencias; la América dominada por los españoles que no permitían su cultivo, es cuadro triste de ignorancia, pobreza, miseria, barbarie y violencia. La Europa trabajando para establecer gobiernos constitucionales protectores de los fueros de los pueblos y sus individuos, cultivando con ardor las ciencias y artes, llenándose de luces y derramándolas por todas las partes de la tierra; la América recibiéndola de la Europa, luchando por su independencia y libertad, proclamando sus derechos y ocupándose de su libertad y felicidad, son perspectivas grandes de poderes infinitos, riquezas inmensas, y bienaventuranzas que podrían sentirse, pero no explicarse.

Las ciencias son el origen primero de la escala de todos los bienes. Pero los pensamientos son los elementos primitivos o las partes constituyentes de las ciencias. Pensamientos coordinados sobre un objeto forman una ciencia, pensamientos coordinados sobre otro forman otra ciencia.

Si es infinito, si no puede calcularse el bien de las ciencias que hacen al hombre señor de las fuerzas, poderes y recursos de la naturaleza, tampoco puede medirse el de los pensamientos cuya combinación metódica forman las ciencias y el de las posiciones felices en que se multiplican o producen aquellos pensamientos.

Saber cuáles son las actitudes en que el hombre piensa más, descubrir cómo pueden reproducirse esas actitudes en que el hombre es más pensador, me parece uno de los problemas más interesantes que puede presentarse a la Filosofía.

Se han creado en los siglos anteriores diversas ciencias sobre diversos objetos, y seguirán creándose otras sobre otros en lo futuro. La más importante de todas ¿no sería la que fijase las leyes que sigue la naturaleza en la producción de los pensamientos, cuyo sistema bien organizado constituye o forma una ciencia?

Se dio el impulso más grande al movimiento de las riquezas cuando se formó el Arte que manifiesta cómo pueden los vegetales producir frutos más abundantes, más sazonados y bellos, y se dará otro más decisivo, de mayor provecho y trascendencia para el progreso de las ciencias cuando se descubra la que enseñe a ponerse en la actitud más eficaz para producir pensamientos mayores en número, más útiles y benéficos.

Una revolución importante sería el resultado grande de este feliz descubrimiento. Los que cultivan las ciencias y se interesan en sus progresos, improductivos ahora muchos días del año, serían productores, mayor espacio de tiempo, se aumentaría la masa de ideas y pensamientos útiles, se enriquecerían con ellas las ciencias creadas y se pensaría en la creación de otras nuevas, se perfeccionarían todas sucesivamente, y a su perfección progresiva seguirían los bienes inmensos que son consiguientes a su adelantamiento. El hombre sería más sano o menos achacoso por el progreso de las ciencias médicas, más rico por el de las ciencias económicas, más justo por el de las ciencias morales, más libre o menos esclavo por el de las ciencias políticas.

La especie humana no sería como es ahora un mínimum de hombres ilustrados, apenas perceptible en el número total de individuos, y un máximum que sube a millones de pobres degradados, de indios estúpidos, de africanos esclavos, de caribes, lacandones, comanches, guaraunos, chaymas y toda esa nomenclatura, triste y larga de salvajes o bárbaros que no tienen todavía sus sociedades bien organizadas. Sería al fin el honor de la creación animal, cuando estuviesen perfeccionados los métodos, simplificadas las ciencias, y difundidos los conocimientos.

¡Qué grande y majestuoso parecería entonces el género humano! ¡Qué deliciosa sería la vista de la Tierra poblada de hombres dignos de su especie, labrada o cultivada por sus manos, embellecida y mejorada por sus talentos!

¡Con qué gozo la recorrería el viajero sensible que en vez de cabañas de miseria abiertas a todas las estaciones, encontrase por todas partes poblaciones de riqueza, libertad y virtud!

Para que acerque una época tan venturosa, para que la especie a que pertenece sea más ilustrada, o menos ignorante, quisiera que las Academias de Ciencias, empeñadas en sus progresos con celo tan noble, ofreciesen premios (capaz de estimular) a los dignos escritores que resolviesen mejor el problema en las Memorias que presentasen. Quisiera que una Comisión o Sociedad de los sabios más eminentes en anatomía, fisiología, medicina, moral y biografía reuniendo las Memorias presentadas, examinándolas, discutiéndolas, acumulando observaciones de luces, formase al fin esta nueva ciencia que se ha llamado ideología y no ha sido extendida hasta este punto.

Sólo la reunión de muchos talentos puede concebir o meditar plan tan grande, sólo la cooperación de muchas manos puede ejecutar una obra tan difícil. Yo no puedo hacerme ilusión. ¿Cuáles son mis fondos o riquezas en la anatomía, fisiología y medicina, que no han sido las ciencias de mi profesión ni los objetos primeros de mi estudio? ¿Mi educación literaria fue por ventura la que querría que hubiese sido y la que debía ser la de todos los que desean abrazar el Sistema hermoso de los conocimientos humanos? ¿Hice estudio metódico primero de los seres que se llaman inorgánicos, después de los vegetales, y luego de los animales para ir ascendiendo gradualmente de lo más fácil a lo más difícil? ¿Subí después a la anatomía del hombre que analiza todas las partes sólidas y fluidas de que se compone? ¿A la fisiología que examina los sistemas que lo forman y las funciones aisladas y coordinadas de cada uno? ¿A la medicina que indaga las causas que alteran su salud, clasifica sus enfermedades, examina sus efectos y busca remedio? ¿ A lo moral que fija sus derechos y deberes como individuo de la especie a que corresponde y como ciudadano del Estado a que pertenece?

Yo comencé mis estudios antes de la independencia gloriosa del nuevo mundo, cuando la América era ignorante o tenebrosa porque el gobierno español por una parte y la inquisición por otra embarazaban su ilustración y cortaban sus relaciones, cuando el escolasticismo tenía todavía dos cátedras en la Universidad donde recibí mis primeras lecciones. Yo no puedo suponer en mí el fondo de luces necesarias para ser creador u organizador de una ciencia, difícil más de lo que parece a primera vista. Pero puedo presentar algunos pensamientos para que otros dignos de aquél título los examinen o rectifiquen. Puedo indicar el plan más importante en mi opinión, y dejar a otros la ejecución de una obra, superior a mis fuerzas.

ILUSTRACIÓN

Ignorando si tengo heredades o tierras, no pensaré en su cultivo, ni trabajaré en defenderlas. Veré con indiferencia sucederse unos a otros los usurpadores, multiplicarse los tigres, reproducirse los lobos.

Ignorando si tengo derechos no meditaré en ellos, ni me empañaré en sostenerlos. Veré con apatía su usurpación: no me interesarán sus sacrificios.

La ilustración es el primer necesario. Un pueblo ignorante es víctima del charlatán más atrevido, juguete de la hipocresía más astuta, o desprecio del orgullo más impudente.

¿Qué importa la ley benéfica, protectora grande del pacto social? Declara la soberanía de la nación: llama a los pueblos al acto importante de nombrar legisladores. Pero los pueblos no saben si tienen derechos: ignoran las dotes preciosas en un diputado o representante suyo; y no conocen los caracteres de una legislación sabia. Nombran tal vez legisladores a los que la intriga les dice que nombren: palmotean la Constitución que forma el egoísmo: desean vidas a los que sacrifican sus fueros, o desprecian sus derechos.

Son incontables las injusticias que se cometen en nuestro triste planeta. No hay día que no las multiplique: no hay lugar que no las aumente.

La que penetra más la sensibilidad: la que abre herida más honda: la que tiende a la destrucción de todos los derechos, es la opinión funesta que mira como un bien la ignorancia de los pueblos: la que no quiere que se ilustren, y afecta peligros en su civilización.

Hombres inhumanos ¿hasta cuándo cesaréis de ser injustos con vuestros semejantes? ¿Hasta cuándo será vuestro Yo la plaga de la especie? Dais luces a vuestros hijos porque son un bien las luces, ¿y no querréis que gocen ese bien vuestros semejantes? Profesáis la religión que os ordena amar a los demás como a vosotros mismos. ¿Y no querréis para los demás lo que deseáis para vosotros?

Yo no seré jamás injusto, jamás. Si educo a mis hijos es porque la educación es origen de todos los bienes: si pienso de noche y leo de día es porque cada conocimiento es un muro que defiende mis derechos, desearé también la educación de los pueblos: desearé su civilización y cultura. No temeré nunca su ilustración, porque la ilustración hace conocer la justicia. Temeré su ignorancia, porque la ignorancia es la que precipita a horrores.

Consultemos la historia de los pueblos, dice un Filósofo: volvamos los ojos a las convulsiones que los han agitado. La causa de ellas es la ignorancia que no impide el sentimiento de sus males, y les ciega sobre los medios de repararlos. La desesperación toma entonces el lugar que debía ocupar la discusión tranquila; y solo después de haber derramado torrentes de sangre se llega a tener la calma que discurre.

Un pueblo ilustrado sabe que no se reforman los abusos con revoluciones sanguinarias: sabe que el modo de corregirlos es instruir en los verdaderos intereses, formar la opinión y generalizarla: sabe que las conmociones que destruyen en un día las generaciones de un siglo aumentan los males en vez de remediarlos: sabe que la tranquilidad y reposo es la primera necesidad de la razón que piensa.

Para prevenir o escarmentar el mal que puede hacer un individuo que tiene la audacia del crimen se han creado jueces de primera instancia. Para prevenir o escarmentar el mal que pueden hacer los jueces que tienen el poder de la jurisdicción se han instituido tribunales de apelación y súplica. Y para prevenir o escarmentar el mal que puedan hacer los tribunales que tienen toda la autoridad que se les ha concedido, ¿cuáles son los establecimientos acordados, las medidas tomadas, o las instituciones meditadas?

Un jefe político subalterno puede hacer daño porque es hombre y tiene el poder de jefe; y para evitar que lo haga se han creado jefes políticos superiores. Los jefes superiores pueden hacer más daño porque también son hombres y tienen toda la autoridad de su título; y para prevenir abusos, violencias o excesos se ha instituido el gobierno supremo. Pero el gobierno supremo puede oprimir con todo el peso de sus facultades; y para prevenir la opresión, ¿cuál es el plan adoptado, la legislación decretada, o las censuras establecidas?.

Podría formarse una escala dilatada de autoridades subordinadas unas a otras; pero se marcharía al infinito, o se llegaría a un término preciso, y sobre este término podrían hacerse iguales raciocinios. Es necesario volver al origen de las autoridades: es necesario pensar en los Diputados a Cortes que deben ocuparse en formar el mejor plan posible para que las autoridades puedan hacer el bien y jamás el mal: es necesario acordarse de los pueblos que son los que eligen a los Diputados y les dan todo el poder que tienen.

Pero si los pueblos ignoran sus derechos y no conocen sus intereses, el mal seguirá en su origen y desde el centro se derramará a todas partes. Las elecciones de Diputados son el punto más decisivo; y las elecciones hechas por pueblos no ilustrados pueden ser desgraciadas.

Ilustración, ciudadanos queridos. La ilustración es la primera necesidad de las naciones. Chinautla es infeliz porque Chinautla es ignorante. Londres es poderosa porque Londres es ilustrada.

Vuelvo a mis deseos porque abunda en ellos un pecho que ama el bien y jamás ha aprobado el mal. Yo quisiera que se formasen Cartillas de las ciencias más necesarias: Cartillas rurales que ilustrasen a los labradores: Cartillas fabriles que instruyesen a los artesanos: Cartillas económicas que diesen los elementos de la ciencia de la riqueza: Cartillas políticas que difundiesen los principios de la ciencia social: Cartillas matemáticas que enseñasen las primeras nociones de la aritmética y geometría.

Trabajad, sabios dignos de este título. El sol, dijo un filósofo, fue formado para iluminar el mundo: y vosotros nacisteis para ilustrar a los hombres.

IMAGINACIÓN

El geómetra supone triángulos, cuadrados y círculos trazados con exactitud imaginaria. El fabulista supone brutos y plantas que piensan, discurren y hablan. El épico supone héroes, es decir hombres de naturaleza superior a los otros. El estoico supone Sabios que no han existido en los siglos. Son hombres, no ángeles, ni divinidades ni otro ser de la Naturaleza. El filósofo supone amigos. Ved cómo las ciencias manifiestan haber sido formadas por una mano. Ved como son cálculo, examen o inquisición de las relaciones de unos seres creados por la imaginación.

El amigo de los filósofos, el héroe de los épicos, el sabio de los estoicos, la zorra de los fabulistas son figuras geométricas que no existen en este globo ni en su satélite.

El hombre busca lo imaginario cuando no puede ver o gozar lo real. El niño que no sale de la casa paterna se entretiene con sombras mágicas o figuras chinescas. Los presos o reclusos en una cárcel se placen, gozan en perspectivas de libertad y placer. El enfermo cosido al lecho delira en visiones y sueños.

El minero que no encuentra el objeto de su codicia, imagina vetas sin fin de oro y plata. Descartes creó un mundo ideal no pudiendo conocer el físico. Buffón, nacido siglos después de la formación de los planetas en el choque de su cometa. Y el caballero de la Mancha se placía en Dulcinea del Toboso.

Los niños, lo enfermos, los reclusos, los mineros, Don Quijote y los Sabios son en este aspecto seres de una misma especie.

En los claustros, en los hospitales, en los gabinetes, en las cárceles es donde hay más creaciones imaginarias porque es donde menos se ven las físicas y existentes.

No admiro tantos sistemas monstruosos a su primera exposición. La soledad, la meditación, la frugalidad que deben formar el sistema de vida de un filósofo, son los específicos más activos para transformar cerebros y hacer visionarios.

ELOGIO FÚNEBRE DEL PADRE GOICOECHEA

Señores:

En diversos países, la mente de un hombre de letras es suceso indiferente que no merece la atención que se da a un ignorante, rico o poderoso; y el honor de los panegíricos fúnebres, reservado a ciertas clases, no se cree debido a los que, reformando algunas ciencias o creando otras, aumentan la suma de nuestra felicidad.

En Guatemala, la sociedad, después de haber llorado la muerte de Fray José Antonio de Liendo y Goicoechea, uno de sus fundadores, acordó que se formase su elogio, porque, superior a las preocupaciones de la vanidad, está convencida de los derechos que tiene a la gratitud pública el mérito de cualquiera clase, sea literario, político, militar o fabril.

Este es acaso el primer ejemplo en 289 años corridos desde la fundación de esta ciudad. La sociedad es el cuerpo benéfico que lo da; y cuando siga sus pasos la Universidad: cuando los literatos trabajen para serlo positivamente, sabiendo que después de su muerte serán juzgados por hombres respetables: cuando este estímulo, creando o desarrollando talentos, haga avanzar las ciencias que nos interesan: cuando el sabio, teniendo la opinión de la posteridad, no sea un Doctor ocioso ocupado en lecturas improductivas o abstracciones estériles, sino un hombre útil al país que habita: cuando, unidos todos los hechos posibles sobre la vida de los hombres de talento, se llenen los votos de quien deseaba la formación de una especie de física experimental sobre las almas, entonces las generaciones futuras, recibiendo luces unas de otras, designarán a VV.SS. como autores de su bien y recordarán con ternura el nombre de esta sociedad.

Yo he sido el individuo electo para publicar sus sentimientos. Otros podrían expresarlos con mayor elocuencia. Pero el honor de manifestar a Guatemala lo que debe al P. Goicoechea: el placer puro de hablar de un amigo sincero, son de ascendiente muy poderoso para una alma sensible.

Que los hombres fríos censuren mis expresiones: que los razonadores a compás burlen mis sentimientos.

Si tu alma, fundador benéfico de esta sociedad, se complacía en abrirse a la mía sin ocultar misterios o esconder secretos: si tu mano poderosa fue la que rompió las cadenas con que el escolasticismo filosófico tenía oprimida la razón de nuestros mayores: si tu larga y laboriosa vida fue útilmente empleada en formar el espíritu de la juventud, yo, sensible a tu fiel amistad, sensible al bien de la patria, seré el eco de la voz universal que se oye en toda la provincia: uniré mis votos a los del pueblo, a las bendiciones del pobre, a los efectos tiernos de esa juventud amable que reconoce en ti el reformador de sus estudios. Pero celebrando tu memoria, no olvidaré tu máxima. La adulación, objeto de tus risas, no será jamás el alma de mis discursos. Si un elogio sincero debe tener forma distinta de las demostraciones del geómetra, hasta cierto punto debe ser como ellas el cálculo del valor positivo de un hombre grande: la medida justa de sus talentos: la estimación exacta de sus servicios.

Para numerar los del P. Goicoechea recordaré primero el estado de nuestros estudios antes de su nacimiento: manifestaré después el grado a que se elevaron por la fuerza de sus talentos: hablaré seguidamente de la instrucción que dio a Guatemala; y para que sus servicios no sean los últimos, concluiré indicando una de tantas medidas felices para multiplicar esa clase útil de hombres ilustrados.

I

Recorriendo la historia de los pueblos antiguos, y volviendo la vista a los modernos, se observa que todos tienen uno de tres estados: el de la ignorancia: el del error; y el de la ilustración.

Los primeros son como las tierras incultas, pero limpias, en que basta arrojar buenas semillas para que broten plantas útiles: los segundos, semejantes a aquellos campos llenos de espinas y raíces enmarañadas, en que es preciso arrancar la maleza que los cubre antes de comenzar a sembrar; y los terceros, son esos huertos hermosos cubiertos de frutos regalados.

Guatemala... permítaseme hablar con libertad. Livio no ofendió a Roma pintando la ignorancia de los primeros romanos, y Newton recordaba con placer los tiempos de su niñez. Guatemala no era un pueblo ignorante, ni una capital ilustrada. Era el país del error.

Se afectaba un respeto ciego a los antiguos: se miraba con horror toda verdad nueva; pero realmente no era la ciencia de la antigüedad la que se cultivaba.

La antigüedad era sabia: y si en las ciencias experimentales y exactas se ha avanzado más que los antiguos, en los demás géneros se ha hecho bastante acercándose a su saber. La antigüedad fue la que fijó las leyes del gusto: la que señaló la línea de perfección en las Bellas Artes: la que produjo esos modelos grandes que los genios sublimes han procurado imitar.

Diez y ocho siglos no han podido presentar un poeta superior al autor de la Eneida. Tácito, Plutarco y Livio son hasta ahora en posesión de primeros historiadores; y el elogio más grande de Buffón ha sido compararle con Plinio y Aristóteles.

No era su más sabia doctrina, ni la de los filósofos de la antigüedad la que formaba nuestro sistema de estudios. El escolasticismo era infelizmente el que lo regía: el que influyó en las constituciones de nuestra Universidad: el que hizo de esta respetable casa una habitación obscura donde no penetraba la luz sino envuelta en nieblas, o confundida con exhalaciones pútridas: el que, entreteniendo a nuestros mayores en sutilezas inútiles, les alejaba de las ciencias provechosas que aumentan los brazos del hombre inventando máquinas, mejoran los instrumentos de las artes, señalan las fuentes de riqueza pública, descubren la de nuestro suelo, manifiestan las plantas útiles que hermosean su superficie, y abren los tesoros ocultos en el seno de la naturaleza.

Nuestro idioma, cuya armonía y riqueza confiesan los mismos extranjeros, rivales de la literatura de Castilla, se veía abandonado por cultivar otro que estanca las ciencias. La elocuencia sagrada, que tiene tantos motivos para ser sublime y patética, porque ella sólo habla de verdades grandes al pueblo, unido en un lugar santo, era como la del orador que un talento feliz supo ridiculizar con tantas gracias.

La del foro, que si no discute entre nosotros los asuntos que examinaba en Roma, debe al menos ser clara e interesante, porque siempre lo es la propiedad aun de una cabaña pajiza, se ocupaba en hacinar leyes romanas y glosas bárbaras sin discurrir con precisión, ni expresarse con propiedad; y la de la Academia que pudo ya haber ilustrado a este país en actos literarios tan repetidos, se reducía a disertar sobre lo que se llama problema sin ser más que una duda afectada o insulsa.

El arte grande de saber discurrir: este arte, alma de todas las ciencias, que en las audiencias y juzgados decide nuestra suerte, era entonces un sistema mal organizado de abstracciones inútiles, un diccionario bárbaro de voces obscuras y sutiles. Las ciencias naturales que deben levantarse sobre la observación razonada de la naturaleza, eran romances menos ingeniosos que los de Descartes, formados por el delirio de las sectas que dividían el escolasticismo.

Las líneas del geómetra y las ecuaciones del álgebra parecían cifras de magia, o caracteres de aquella filosofía teúrgica que se ocupaba en misterios y encantos. Las familias eran espantadas por duendes: los jueces seriamente ocupados en procesar brujos; y las escuelas de filosofía convertidas en torneos de caballeros que se batían por el ente de razón y otras hermosuras imaginarias.

No fue este el único mal. Semejantes a aquellas nubes densas que extendiéndose con los vapores sucesivos que reciben, cubren últimamente toda la atmósfera y oscurecen el día. El escolasticismo se dilató al fin por las ciencias más sublimes e importantes.

La de la religión, pura en el libro sublime de la Biblia, no era enseñada con el método que exige la sublimidad misma de su objeto. La jurisprudencia, tan grande en las manos de los autores felices que han sabido manejarla, era un puñado de fragmentos de leyes derivadas de las sectas que dividieron el imperio romano: leyes sutiles que no lo son para nosotros y dictadas por gobierno distinto, en tiempos diversos, no tienen relaciones de analogía con los nuestros.

El estudio de la historia respetable de la Iglesia: el de los concilios y cánones sancionados en ellos; estudio necesario para el eclesiástico, útil para el filósofo e interesante para el político, se verá olvidado por dedicarse al de las decretales que no forman un cuerpo organizado de derecho, sino una colección de casos decididos por principios diversos en muchos puntos de los de Castilla; y la legislación que debe ser sabida de todos, porque es la guía del hombre desde que se forma su razón hasta que entra en el sepulcro, enredada por las argucias escolásticas, era misterio para el pueblo, tormento para el juez íntegro, juego criminal para el perverso, arma doble para el abogado.

Los que se llamaban filósofos eran entonces unas cabezas llenas de aniversales {sic}, de categorías y sutilezas metafísicas; y estos eran los sabios que en las cátedras daban lecciones a la juventud.

El escolasticismo no sólo la formaba en este sistema de errores. Le impedía también salir de él: le prohibía aun el derecho de dudar, que exige la debilidad de nuestra constitución física; y aun en lo que no era dogmático, se ordenaba la fe, que sólo es debida a nuestra religión.

Fe ciega en la Dialéctica: fe ciega en la Metafísica: fe ciega en la Jurisprudencia. La razón era víctima de lo que se llamaba filosofía. Y lo que diste para pensar como el don precioso de tu bondad, Ser eterno, amigo del hombre: lo que nos eleva sobre todos los seres: lo que distingue al filósofo, que sube al sublime de las ciencias, del insecto que se arrastra por el suelo: la razón, esa emanación luminosa de tu sabiduría, era un presente inútil, que sólo servía para repetir las inepcias de los glosadores de Aristóteles y llenar cursos largos y penosos de nadas y pequeñeces.

II

En tiempos tan infelices nació, a 400 leguas de esta capital, el que debía dar alguna luz a este caos tenebroso.

Los filósofos más grandes: los talentos que admiramos en los cuatro siglos que forman como las épocas de la grandeza del espíritu humano: los que brillaron en las edades venturosas de Pericles, Augusto, León X y Luis IX nacieron en países cultos donde las ciencias tenían premios y los auxilios literarios eran multiplicados.

El P. Goicoechea nació el día 3 de mayo de 1735, en Cartago, donde apenas había escuela de primeras letras. Perdió a sus padres y quedó huérfano a los 9 años de su edad: tomó el hábito de San Francisco a los 12: fue ligado por el voto de obediencia: obligado por las constituciones de su orden y la autoridad de los prelados, a hacer los estudios de aquellos tiempos obscuros: formado en aulas donde sólo se oía la vocinglería de los escotistas: enseñado por lectores que no permitían dudas; y condenado a seguir la escolástica por todo el poder de la opinión pública, sostenida en la Universidad y comunidad religiosas, únicas que le daban dirección.

Era semejante a aquellas plantas útiles que nacen entre yerbas y espinas, y no pueden crecer sino abriéndose paso por en medio de ellas. Pero si la mano dura de la suerte le arrojaba estorbos por todas partes, la naturaleza, destinándole a objetos sublimes, le dio un cuerpo robusto, capaz de pruebas que otros no pudieran hacer: una alma digna de él, infatigable para el trabajo: un espíritu penetrador que se anticipa a las glosas y comentos: una memoria prodigiosa que, a la edad en que los septuagenarios sólo piensan en las necesidades físicas que los afligen, repetía las canciones más hermosas de los poetas que habían deleitado su juventud: un genio lleno de gracias, inclinado como el de Fontellene, Quevedo, La – Fontaine y Boileau a ver las cosas por aspecto que mueve a risa: un carácter de naturalidad, enemigo de artes y afectaciones: un deseo insaciable de saber.

Distinguido por dotes tan brillantes fue, a pesar de ellas, discípulo del escotismo, porque esta fue la primera doctrina que se le enseñó; porque sus talentos no eran aún desarrollados, porque la niñez es inocente y no tiene copia abundante de hechos para entrar en comparaciones.

Cuando la lectura le ofreció datos para hacerlas y sus talentos comenzaron a predecir lo que serían, las disputas que en los demás no producían otro efecto que hacerlos más reacios en sus sectas fueron para él como el choque o colisión de los cuerpos que, frotándose unos con otros, arrojan chispas luminosas.

Descartes, elevándose a la altura a que se sube un filósofo: considerando, dice un autor, que lo era, las opiniones de los hombres: viendo tanta contrariedad de ideas, tanta oposición de sentimientos, tanta variedad de abusos y costumbres: he aquí, dijo, lo que es la razón de los pueblos.

Goicoechea, observando los sistemas de las sectas, la contradicción de sus pensamientos, el furor con que se batían, la confianza con que se creía cada una posesora exclusiva de la verdad, dudó de todos, y decidido a cultivar sus talentos en la soledad, concibió la idea grande, origen de nuestros progresos, de no seguir otra guía que la que nos ha dado el Creador de nuestra especie.

Solo, en el ámbito estrecho de su celda, entregado en el silencio de la soledad a meditaciones de que solo es capaz quien ha adquirido el hábito feliz de pensar, recorría cuanto había aprendido: sometía a la severidad del análisis la doctrina decisiva de sus lectores: juzgaba a sus mismos maestros.

Su genio, siempre pronto a descubrir ridiculeces, le hizo ver todas las del escolasticismo; y su alma sintió la necesidad de otros estudios, diversos en el todo de los que había hecho.

Las matemáticas puras, que son siempre el recurso del filósofo en aquellas situaciones de tormento, en que sólo puede contentar lo que es verdadera demostración, le presentaron el método de exactitud, necesario para una alma melindrosa que, burlada por el escolasticismo, sospechaba ya de las demás ciencias.

Hubo tiempo en que sólo las exactas llenaban los deseos de su alma: hubo tiempo en que sólo los números y líneas escapaban a la risa de su genio. Pero cansado al fin de tantas abstracciones, volvió los ojos al campo de la naturaleza, a esos jardines que deleitaban a Newton después de los trabajos complicados del cálculo.

Los libros de Pluche, los primeros que leyó en este género, le presentaron un espectáculo muy diverso del que entretenía a los escolásticos; y los experimentos célebres de Toricelli, Pascal y Perrier, le indicaron el verdadero método de estudiar la naturaleza.

El gusto que tomó por ella y el espíritu de exactitud que se había formado, le hicieron sentir los efectos del sistema con que habían sido tratadas las demás ciencias: la jurisprudencia, sobre todo, que debe ser clara y sencilla, porque debe ser una ciencia popular; y la de la religión, donde las equivocaciones son de tanta trascendencia.

Si la ley es sancionada para el bien universal de los pueblos, el cálculo o comparación exacta de los bienes y males que puede producir, debe ser la guía de la Jurisprudencia; y si la religión se estableció y dilató por el mundo, enseñando las verdades sublimes de la Biblia, expuestas por el juicio de la Iglesia, la autoridad de ésta y la Escritura, deben ser la luz de la ciencia.

Estos raciocinios le fijaron por último en el medio sabio a que no se llega sino después de haber pasado por extremos. Discípulo del escotismo al principio: escéptico después en lo que no era dogmático, conoció al fin, que las ciencias no lo serían si no tuvieran principios incontestables: que en las exactas, la demostración: en las naturales, los experimentos: en la legislativa, el bien de los pueblos; y en la de nuestra religión, la Biblia y la Iglesia deben ser la guía de sus estudios.

Tal fue el principio a que se elevó, luchando consigo mismo, para borrar las primeras impresiones de su educación. Apoyado en él entró en el estudio de los elementos de casi todas las ciencias, porque todas tienen gracias para quien sabe sentirlas.

Las obras de los mejores escritores de las edades felices de Atenas y Roma: las de Wolf, que manejó la Lógica, la Moral y la Jurisprudencia, con el mismo método con que había tratado las matemáticas: las de Locke, ese hombre modesto que, descubriendo la generación de nuestras ideas, confesaba su ignorancia cuando no podía penetrar la verdad: las de Nollet, que enseñó a estudiar la Física, haciendo experimentos y deduciendo de ellos consecuencias útiles para las artes y oficios: las de Buffón, que presentan cuadros en grande y en detalle de la naturaleza e individuos de los reinos animal y mineral: las de Linneo, donde se reunen los elementos de la ciencia provechosa e inocente de los vegetales: las de Mably, que supo manifestar la identidad de principios en la moral privada y la pública: las del género sublime que, abrazando los objetos más grandes de la ciencia legislativa, la simplificó, reduciéndola a dos puntos: las primeras de los que han sabido cultivar la ciencia de la religión, que era una de las que más le ocupaban: todas fueron formando sucesivamente su espíritu y llenándolo de conocimientos. Su lectura fue extendida más allá de lo que puedo indicar.

Yo os pongo por testigos hombres dichosos que fuisteis sus amigos y merecisteis su confianza.

Pero no bastaron los conocimientos de los libros. Quiso adquirir los que dan los viajes, porque los viajes son los que hacen conocer el mundo, no el mundo hecho en el cerebro exaltado por el entusiasmo, sino el mundo verdadero, el mundo de la naturaleza.

Viajaron los filósofos más grandes de la antigüedad para recoger conocimientos de los pueblos ilustrados. Viajó Goicoechea; y tuvo la felicidad de hacer su viaje a España en el reinado venturoso de Carlos III, cuando la nación recibió un impulso feliz en todos los ramos útiles: cuando Iriarte enriquecía nuestra literatura y satirizaba las fruslerías de los escolásticos: cuando Cruz llenaba de gracias el teatro español, y Moratin elevaba la poesía en género distinto: cuando hermoseaban a la Península dos Condes célebres, ambos fiscales dignos del consejo: el uno, escritor de materias útiles y amigo de las sociedades patrióticas; el otro, protector de las ciencias, Ministro y Presidente de la central: cuando se atraía los votos públicos Jovellanos, ese hombre raro, poeta, político y filósofo a un mismo tiempo, desgraciado y perseguido por ese genio maligno que en todos los tiempos y países se place en morder todo lo grande.

El P. Goicoechea supo reunir los conocimientos que recoge un viajero ilustrado. Visitó las mejores bibliotecas, leyendo manuscritos preciosos que hasta ahora no han sido publicados: observó el jardín botánico y oyó la voz de Ortega que le dirigía: reconoció el gabinete de historia natural: asistió a las juntas generales de diversas academias y sociedades: observó los estudios restablecidos por Carlos III y el sistema de sus calificaciones menos equívoco que el de nuestra Universidad: fue espectador de dos sucesos grandes para quien sabía pensar, la muerte de Carlos III y la coronación de Carlos IV: vio en Castilla los efectos tristes de una y otra amortización; en Cataluña, el honor que se da a los artesanos; en Navarra, la sabiduría de sus fueros; en Aragón, la historia de sus antiguas instituciones; en algunas provincias de Francia el genio de esa nación que ha tenido influjo tan grande en los sucesos de nuestros días; en Madrid, el espectáculo de una Corte, los movimientos de la intriga, las artes de todo género, tanto bien y tanto mal reunidos en un punto.

Espectador de objetos tan grandes, capaces de ocupar el alma en su totalidad, no olvidó lo que debía a esta provincia donde había nacido. Regresó a Guatemala lleno de riquezas literarias, de

111

conocimientos, de globos, de tablas y libros, raros aun en la Corte de dónde venía.

Dedicado a su lectura, cualquiera otro hubiera llenado sus deseos en el goce pacífico de sus conocimientos. Pero la vista de los salvajes donde se ve la naturaleza pura sin las formas del arte, no era para él menos interesante que el espectáculo de los pueblos ilustrados.

Semejante a los sacerdotes de los celtas y de los seitas que buscaban la filosofía en los bosques y montañas, superior a ellos en conocimientos y con miras más grandes, hizo viaje a nuestros montes de Agalta.

Los eruditos de estrado: esos hombres que agonizan el día que no pueden visitar todos los cuarteles de una ciudad, habrían muerto seguramente en las soledades de Agalta.

El P. Goicoechea, solo con su pensamiento y los indios, pasaba días más deliciosos que en el ruido de esta capital. Conservo como un tesoro las cartas que escribía desde esas montañas célebres entonces por su residencia. En ellas decía: que nunca había repasado en su corazón, con más placer, la hermosa estrofa de Horacio, Beatus illequí procul negotiis: que la soledad le comunicaba a manos llenas el contento: que su vida era alegre, porque entre los cien aspectos de las cosas, las miraba por el único que podía ser útil: que ejercitado en trasegar corazones, se valía de la llave maestra de ciertas notas que rara vez le engañaban: que los vestidos de la naturaleza son sencillos: que se deleitaba en contemplarla acechando los momentos en que descubre algunas de sus travesuras, meditando los apotegmas de Erasmo y las aventuras del amor propio, y observando a los indios, vistos por muchos, conocidos de pocos y demostrados por Paw, aquel extranjero atrevido que sin conocer la América arrojó aserciones desmentidas por la experiencia.

Este tono, señores, no es el de un charlatán que quiere imponer. Es el del hombre de la naturaleza que se abraza con ella y los seres que produce: es el del amigo de los indios que interesaron siempre su compasión.

No hizo en la ciencia aquellos descubrimientos que las hacen progresar a pasos largos: no formó sistemas como Buffón, ni fue como Newton inventor de la teoría sencilla del universo. Pero pudo impugnar los sistemas de Buffón: y fue capaz de entender las obras de Newton que, aun entre los hombres de letras, encuentran pocos lectores.

III

En el seno mismo de los escotistas: en la edad de los errores, supo elegir los libros más sublimes de las ciencias a que fue dedicado: apropiarse los conocimientos más grandes: darles las gracias de su genio, y comunicarlos a nosotros y a nuestros mayores. Ved aquí su justo valor. Fue lo que Fontenelle dice de un filósofo: el Prometeo de la fábula que robó el fuego a los Dioses para comunicarlo a los hombres.

En la oratoria dio modelos predicando el Evangelio en su pureza, presentando la escritura en el sentido genuino de la iglesia y de los Padres, distinguiéndose en la elocuencia didáctica que era su género; pero acreditando a veces que también era capaz de la fuerza de Bridaine, y la sublimidad de Bossuet.

En los estudios de la filosofía tuvo la entereza noble de sostener los derechos de la razón: y cuando Jovellanos decía en España que mientras las universidades fuesen lo que habían sido y lo que eran entonces, jamás progresarían en ellas las ciencias experimentales, él había ya combatido la tiranía escolástica: preparado una revolución feliz de ideas: dado lecciones de física experimental, y leído un curso de Aritmética y Geometría.

En los de Teología dio a esta ciencia la sencillez majestuosa que debe tener: señaló los puntos diversos de contacto en que se unía la escolástica con la religión: desenvolvió la extensión de la moral, que fue su estudio predilecto: manifestó la que publicaba el estoico, la que predicaba Epicuro y la que enseña la Biblia, que no es un sistema de escepticismo como la de Montaigne, ni una invectiva acre como la de Rochefoucault, sino una moral pura, superior a la de Sócrates y Confucio.

En la Botánica, nombrado por el Gobierno para elegir muestras de las maderas más exquisitas de nuestras montañas, y comisionado por el Intendente del Jardín de Madrid para la remisión a España de las plantas y semillas dignas de cultivo, llenó ambas comisiones acreditando sus conocimientos, y trabajando una memoria sobre el plátano, gloria de la América, y el vegetal, que entre todos los conocidos da más cantidad de materia alimenticia, en igual espacio de tierra.

En esta sociedad, VV.SS. han sido testigos de su ilustrado patriotismo: de este celo activo con que cooperó a su establecimiento: de la voluntad con que asistió a todas sus juntas: de los pensamientos útiles que daba en ellas, fijo siempre en mejorar nuestra suerte o hacerla menos infeliz: de sus notas sabias como útiles a la memoria que publicó Mosiño sobre nuestro añil: de la memoria que escribió para destruir la mendicidad que no existe en los países estériles y helados del Norte, y se veía multiplicada en las tierras feraces de Guatemala: del discurso que dijo en este lugar, desplegando sobre el mismo asunto, la humanidad de su filosofía, para que el verdadero pobre fuese socorrido y los mendigos robustos o capaces de trabajar, no ensuciasen los portales, no se oyese en nuestras calles el zumbido desapacible de estos moscones, sino el cencerro deleitoso de las recuas o el ruido agradable de un trajín activo: de la representación que dirigió desde su celda a la Corte de Carlos IV, manifestando la necesidad de dar honor a las clases infelices, porque ellas son las que ejercen nuestras artes y oficios; y las artes no prosperan cuando están envilecidas las manos que las manejan: de la memoria que trabajó sobre los indios, objeto de sus meditaciones en el púlpito, donde predicó sus virtudes, en sus conversaciones de amistad, donde acumulaba hechos y discurría sobre ellos, y en la memoria donde trató de su industria y trabajos rurales.

En Agalta fundó dos pequeñas poblaciones; interesó en su beneficio la atención del Gobierno; y dando a los indios lecciones de religión, de física rural y de sociedad, recordaba la pintura de aquellos Dioses que bajaron del cielo para enseñar a los salvajes de Grecia la justicia, el manejo del arado y el uso del trigo.

En nuestra Universidad no cesó de trabajar para que este establecimiento, fundado para perfeccionar el espíritu, no le empeorase cargándole de preocupaciones y paralogismos.

Cerca de treinta años ocupó en dar lecciones como Catedrático de Filosofía y Teología: y estas lecciones son las que influyeron para que se mudase el aspecto de nuestros estudios. En ellas fue donde hizo conocer a la juventud, que el pensamiento sofocado por el escolasticismo es el atentado más grande contra la naturaleza humana: donde haciendo comparaciones felices de la exactitud de la Geometría y la algarabía de los escolásticos, inspiró gusto por las matemáticas, y comenzó a formar el espíritu geométrico, más útil aún que la misma Geometría: donde manifestando las amenidades de la naturaleza, comunicó a los jóvenes el entusiasmo con que se habla siempre de los objetos que se aman: donde dio los principios sublimes del gusto y trabajó en la destrucción del que había en aquella edad: donde desenvolviendo la teoría grande del enlace de los idiomas con el arte de pensar, hizo conocer la necesidad de progresar en los unos para adelantar en el otro.

Tantas verdades no fueron oídas sin espanto. La verdad, dice un escritor, es como ese elemento útil y terrible que alumbra, pero quema y puede devorar al mismo que se sirve de él para el bien público. Los que la han dicho: los que han levantado la voz contra la doctrina de las escuelas: los que han sabido distinguirse, han sido siempre víctimas de las pasiones. Sócrates, condenado a muerte: Aristóteles, fugo: Descartes, acusado: Galileo, preso: Jovellanos, desterrado; son ejemplos tristes que atestan la miseria del hombre y deben cubrirle de oprobio.

Los escolásticos, viendo que se destruía la base única de su nombre, se ligaron para anonadar el del P. Goicoechea. La envidia movió los resortes de su encono. La Hipocresía jugó sus antiguos ardides: la intriga maniobró en secreto: los Prelados penitenciaron y condenaron a ser último lector a quien tenía tantos derechos para ser el primero: la opinión se volvió contra quien la ilustraba; y el público, señores, el público a quien daba luces provechosas: el público a quien hacia servicios tan heroicos, llegó a verle como objeto de horror.

Una alma pequeña hubiera renunciado el derecho de servir a ingratos dejándolos en la oscuridad que les placía.

Goicoechea, firme en sus principios, siguió la marcha de su genio, porque sabía que si los primeros rayos de luz hieren los ojos de quien sale de tinieblas, los siguientes hacen sus delicias y hermosean su existencia.

La verdad fue desenvolviendo sus bellezas. La juventud, siempre la primera en sentirlas, comenzó a tomar gusto por ella. Cesó el vértigo; y se hizo justicia a quien era digno de ella.

Su Majestad mandó que en su real nombre se le diesen gracias por el celo con que se dedicaba a la enseñanza de la juventud e instrucción del vecindario. Su comunidad le eligió Prelado de la provincia. Esta Sociedad, que por estatutos y por principios, no prodiga jamás sus sufragios, acordó que se hiciese mención honrosa de su mérito: la Universidad mandó poner su retrato en el salón de actos literarios. Y el pueblo llenó de bendiciones a su bienhechor.

Mereciéndolas cada día más: ejerciendo su ministerio con celo infatigable; dando el ejemplo útil de una virtud pura que conoce las añagazas de la hipocresía: amando a los pobres y presentándoles la religión en el aspecto en que ofrece más consuelos al infeliz, comenzó a sentir flojedad en los resortes de la máquina.

Sintió su debilidad progresiva; pero la sintió sin perturbarse, porque una alma acostumbrada a observar la naturaleza, ve sin susto una de sus más sabias leyes.

Que la vean con espanto los hombres pequeños que se han enlazado con todas las fruslerías del suelo: los impostores que han seducido a los pueblos: los miserables que después de haber hecho daño se ven en la situación terrible de no poderlo reparar.

Pero tú, hombre superior a la edad en que viviste: tú has llenado el lugar donde fuiste colocado. Perfeccionaste tu espíritu. Mejoraste el espíritu público de Guatemala. Enseñaste verdades útiles. No hiciste mal; y si erraste, tus errores fueron de buena fe.

Esto es hecho, señores. Se ha cumplido la ley. A la voz de su muerte lloraron los pobres; y llevando cestillos de flores, cubrían de ellas su cadáver. VV.SS. han perdido un ilustrado y activo compañero; y yo he quedado sin un buen amigo.

Para reponerle y llenar su vacío es preciso duplicar los esfuerzos. Sírvanse VV.SS. trabajar en el cultivo de los talentos nacientes de la juventud, dándole dirección recta, porque acaso en ellos hay alguno semejante a los del hombre que lloramos: sírvanse formar su gusto, porque el gusto es el tacto o instinto del hombre de letras y el primer paso que debe darse para la ilustración. Sírvanse fundar una academia de bellas letras, porque las bellas letras son el precursor feliz de las ciencias útiles y el garante más cierto de sus progresos. Si se unen los hombres para ocuparse en conversaciones insípidas o para verse unos a otros, fumar y bostezar, únanse VV.SS. para cultivar las ciencias, comenzando por donde debe principiarse. Todo origen es pequeño.

Las academias que ahora son la luz más hermosa de la razón, fueron oscuras en su principio; y a la fecha de su erección, muchos países donde se establecieron tenían menos conocimientos que Guatemala. Si dura siglos, se extenderá el bien que promete a las últimas generaciones; y si es un establecimiento momentáneo, lo gozará al menos la presente. La Academia del Cimento sólo duró diez años; y sus descubrimientos serán eternamente memorables en la historia de las ciencias experimentales.

Que se de principio a la obra, señores. Esto perpetuará la memoria de la Sociedad: creará genios como el del individuo que hemos perdido; y abrirá a las ciencias el camino por donde deben ser dirigidas.

Guatemala, 7 de agosto de 1814.

LIBROS

Los comerciantes que son de riqueza bastante para pedir facturas costosas de libros no conocen en las ciencias el bien ni el mal; y los hombres de letras que saben distinguir el error y la verdad, lo grande y lo pequeño no tienen fondos para hacer especulaciones.

Nosotros seguimos entretanto en ignorancia casi absoluta de las producciones más hermosas. El comerciante continúa plagándonos de Curias, de Febreros, de Salas, de Novelas y otros libros que protegen el error o no permiten ver la verdad. Las obras maestras llegan a Guatemala al cabo de un siglo. Cuando se han publicado otras más magistrales, o hecho descubrimientos más prodigiosos. La Europa es en el siglo 19 y la América comienza el 18.

Comerciantes, buscad el bien de la patria. No seáis conductores del error, o agentes de las preocupaciones. Pedid facturas de libros. Son las obras que dan más honor a la especie. Pero pedid los que os designen los hombres ilustrados, los hombres que marchan a la par del siglo, los hombres que no tienen interés en conservar errores, útiles a una clase, dañosos al mayor número.

Ciudadanos, no cooperéis a la riqueza del mercader con sacrificio de vuestras potencias. Comprad libros. Es el gasto más útil. Pero comprad los libros que os aconsejen los hombres de luces, los libros que defienden la causa de los pueblos, los libros que enseñan pensar y a decir, los libros que a la lectura de una página los cierra lector para saborearse con lo que ha leído y prepararse nuevos goces en lo que ha de leer, los libros que a cada capítulo nos hagan levantar de la silla y dar saltos de contento, viendo nuevos horizontes, y nuevos espacios iluminados con nuevas luces.

Soy hijo y ciudadano de esta República, amo su bien y he deseado siempre que goce todo lo que prometen los buenos libros, los instrumentos y máquinas útiles. Fijo en este objeto, desde el año de 1822 en que formé, en unión de los demás individuos de la Comisión, el Arancel de nuestras aduanas, puse el artículo siguiente que fue aprobado y se observa hasta ahora:

"Es libre de derechos la importación de libros impresos o escritos, empastados o no empastados, de instrumentos útiles para las ciencias, de papeles de música escritos o impresos, de instrumentos o máquinas útiles para la agricultura, minería, artes y oficios".

Estimulados por esta franquicia y deseosos de las ganancias que ofrece el comercio de libros, los negociantes piden a veces algunas facturas, y las venden con utilidad. Mr. Lomenier estableció casa desde 1824. Mr. Ackerman ha hecho en el presente igual establecimiento. Uno y otro han vendido muchos libros, y tienen todavía bastantes. No es rápido el consumo de ellos; pero no cesa de haberlo, y es probable que sea mayor a proporción que se vaya generalizando el gusto.

El precio de los libros no se fija aquí por volumen en 8o., en 12o., o en 18°. Se fija según el mérito de las obras, la edición de ellas, la abundancia o escasez, y las demandas de la plaza. Yo compré en el almacén de Mr. Lomenier, los 5 volúmenes en 8o. de las obras de Mr. D'Alambert en 15 ps. y los 65 Vols. también en las obras de Voltaire en 130; los primeros a 3 pesos cada uno y los segundos a 2. Es grande el mérito en unos y otros; pero es más difícil vender obras compuestas de 65 volúmenes que obras compuestas de 5; y esta consideración ha tenido sin duda presente el negociante vendedor de ambas.

La base más sólida de la libertad es la ilustración; y para que exista ésta es necesario que los buenos libros formen el Espíritu público. Yo tendría la más dulce satisfacción viendo Bibliotecas de lo más grande que han publicado los Genios de Inglaterra y Francia para el adelantamiento de las ciencias, y de lo más útil que se ha dado a luz para instrucción de los pueblos. Pero el momento presente no es el de la oportunidad. Lo digo con el más profundo sentimiento. La República, compuesta de cinco Estados Federados se halla en posición muy triste. Se ha creído que aristócratas quieren abolir la Constitución Política, y que el presidente de la República (Manuel José Arce) es instrumento de ellos. Por este motivo los Estados del Salvador, de Honduras, de Nicaragua y de Costa Rica (según se dice) están en choque con el presidente. Ya se ha llegado a las armas. Ya están encendidos los fuegos de las guerras intestinas. Cuando se apaguen, escribiré a usted sobre el proyecto de Biblioteca y le manifestaré mis pensamientos.

En el ramo de libros no hay igual escasez. La casa de Ackerman tiene establecimiento, en la de Lomenier hay un almacén bien surtido y a otros vienen algunas facturas, y la que yo pedí a New York y vino el mes anterior, ha enriquecido mi Biblioteca, que aún antes de esto era la más grande y escogida que había en esta República.

Me han venido obras de mucho mérito. Entre otras las "Familias naturales del reino animal" por Mr. Latreille, 7 tomos de la Enciclopedia moderna que está publicando en París una sociedad de hombres de letras, y la Revista Enciclopedia hasta noviembre del año anterior. Diga usted a nuestro Dr. Mier que en la de mayo se habla con elogio de su Discurso sobre la Encíclica del Papa León 12. Se indica que es obra rica en principios y en hechos; y se añade que aumenta los títulos del autor al reconocimiento de sus compatriotas, y de los católicos que aman la libertad.

He leído las "Novorum vegetabillum Descriptiones" del Sr. Llave. De ellos se habla también en la Revista de agosto. "Des figures —dicen— seraient nécessaires pour faire mieux connaître les caracteres de ces nouveaux generes que les descriptions laissent un peu confus".

(**Traducción:** Se necesitan figuras para dar a conocer mejor las características de esas nuevas especies que las descripciones dejan un tanto confusas).

Yo no sé cuál es la confusión que advierten los editores. Serían importantes las láminas o estampas porque lo son en todas las obras de Historia natural. Pero las descripciones me parecen claras.

AMÉRICA

Los europeos ignoraron mucho tiempo la existencia de la América; y esa ignorancia fue feliz para sus indígenas. (EP, 165).

Recordémoslo con gozo puro. La América es la que ha dilatado más los límites de la Botánica. Los sabios más grandes son los que han dejado la Europa para venir a la América a observar las riquezas vegetales de este inagotable continente.

Pero no se ha concluido hasta ahora, ni es posible que se concluya en un siglo la flora general de toda la América. La América ha tenido tres épocas eternamente memorables: la de los siglos anteriores a su conquista, la de los tiempos en que estuvo sometida al gobierno de sus conquistadores, la de su justa y gloriosa emancipación.

La primera es de tinieblas para nosotros. Ignoramos el grado a que se elevaba la ilustración de los indígenas, no tenemos datos bastantes para medirla, desaparecieron sus archivos y monumentos; fueron destruidos, unos por el tiempo, otros por el sable de los conquistadores; pereció la clase ilustrada, y quedó solamente la de indios, ignorantes y desgraciados; el imperio de la conquista los fue embruteciendo más; y a vista del estado en que los vemos parece inverosímil que sus mayores fuesen capaces de escribir una historia digna de este nombre.

La segunda no era propia para estudios de este género. En un país subyugado por la fuerza, donde la ley cerraba las puertas del Estado a los hijos de otras naciones, sólo existían dos clases de personas: conquistadores y conquistados.

Los conquistadores no tenían la opinión de imparciales donde hay necesidad más grande serlo. Se juzga por el contrario que sus intereses eran opuestos a la verdad; se les cree impelidos por ellos a suprimirla en algunos hechos y desfigurarla en otros. Los conquistados carecían de libertad para publicarla. Debían callar, o ser ecos de los conquistadores, sus acentos eran también sospechados de parcialidad. Y los hijos de otras naciones, alejados de nuestras costas, no habían sido espectadores de los sucesos; no tenían relaciones con los americanos; sólo oían la voz de los conquistadores; y eran prevenidos por el espíritu de rivalidad que existía desde entonces y continúa hasta ahora entre las naciones de Europa. Antonio de Solís (autor de Historia de la conquista de México), hijo de Alcalá, presenta la conquista de México como una campaña de Santiago, un milagro de la cruz, una obra del cielo. Niza (noble tlaxcalteca, autor de Historia de la conquista de América), hijo de Tlaxcala, lisonjea al gobierno español cuando refiere la de su patria, y Robertson, (autor de Historia de América) nacido en Escocia, manifiesta en su obra las influencias del país donde fue formado.

La historia escrita por un conquistador o un conquistado tiene (en lo general sin perjuicio de excepciones) la presunción de obrepticia o subrepticia; la de suprimir verdades o publicar falsedades.

La tercera época ha sido de entusiasmo, de exaltación, divisiones y guerras intestinas. Cerca de tres siglos de gobierno absoluto produjeron resentimientos y enconos que estuvieron reprimidos por igual espacio de tiempo. Llegó al fin el de exhalarlos; se gritó independencia; y empezó la lucha, tan obstinada como sangrienta, entre los españoles que la querían conservar sometida, y los americanos que deseaban emancipar la América. Vencidos los primeros por la energía que da siempre el espíritu de libertad, empezó otra contienda tan horrorosa como la primera.

Los que estaban acordes sobre la independencia de la América, no lo estaban sobre la forma de gobierno. Faltaban luces en las ciencias administrativas que no se han cultivado, faltaba experiencia en los actores que por la primera vez se presentaban en las tablas, faltaba el conocimiento científico de los pueblos a quienes se habían de dar leyes. Lucharon unos contra otros los que debían ser hermanos.

Es una la voz desde el Cabo de Hornos hasta Texas. Oponerse a la libertad de América hubiera sido luchar contra el espíritu del siglo, resistir las fuerzas de la opinión, ser injusto, y hacerse objeto de la execración. Guatemala, colocada en el centro de los movimientos del mediodía y del septentrión, recibió al fin el que era preciso que tuviese. Las dos Américas han proclamado su independencia; y este suceso grande, más memorable que el de su descubrimiento, producirá en la marcha progresiva del tiempo efectos que lo serán también.

El movimiento, que en lo político es comunicativo como en lo físico, se propagó del antiguo al nuevo continente. También soy hombre, dijo al fin el modesto y sensible americano. Yo también he recibido de la naturaleza los derechos que ha sabido defender el europeo. Los grados de latitud hacen helado el polo, ardientes las costas de Honduras, bello al georgiano, negro al congo y cobrizo al indio. Pero el hombre es uno en todos los paralelos. Hay en Madrid más frío en invierno y más calor en estío que en Guatemala, dulcemente templada. Pero el madrileño no tiene más derechos, que el guatemalteco. Aquende y allende del océano, separados por montañas, o divididos por lagos o ríos, todos somos individuos de una misma especie, iguales y libres por naturaleza.

Cruzándose los indios y ladinos con los españoles y suizos, los alemanes e ingleses que vengan a poblar la América, se acabarán las castas, división sensible de los pueblos, será homogénea la población; habrá unidad en las sociedades, serán unos los elementos que las compongan.

La lengua castellana, hablada por naciones independientes de Castilla, se irá mudando insensiblemente. Cada estado americano tendrá su dialecto, se multiplicarán los idiomas; y cada idioma será un método nuevo de análisis.

Los de América se irán hermoseando y elevando a proporción que se borren las sensaciones de tiranía y nazcan las de libertad; a medida que cesen de ser imagen de desigualdades injustas, y comiencen a ser expresión de la unidad social y la igualdad de los ciudadanos que la forman.

Los elementos, los principios, los métodos de las ciencias, poseídos ahora por un número mínimo de hombres, serán al fin populares. Habrá sabios entre los ladinos, habrá filósofos entre los indios, todos tendrán mayor o menor cantidad de civilización, y esta parte de la tierra será la más iluminada de todas.

Las rentas, los hospitales, la casa de moneda, las tropas, los palacios de justicia, no estarán reunidos en un lugar acumulando la riqueza, enorgulleciendo a sus hijos, dando a una ciudad superioridad sobre todas. Se hará distribución justa para que haya equilibrio. Se establecerán en una provincia las rentas y su intendente, en otra las tropas y sus jefes; en otra los hospitales y sus administradores. Los hijos de una provincia tendrán entonces necesidad de los de otra; los de ésta la habrán de los de aquélla; se estrecharán los vínculos. Los pueblos no serán esclavos de una capital, y la sociedad será lo que debe ser: la compañía de socios, familia de hermanos.

La voz de haberse la América pronunciado independiente correrá por todo el globo. El asiático, el africano, subyugados como el americano, comenzarán a sentir sus derechos; proclamarán al fin su independencia en el transcurso del tiempo; y la libertad de América hará por último que la tierra entera sea libre.

La América será, por último, lo que debe ser colocada en la posición geográfica más feliz, dueña de tierras más vastas y fecundas que las de Europa, señora de minerales más ricos, poblada con la multiplicación de medios más abundantes de existencia, ilustrada con todos los descubrimientos del europeo, y los que estos mismos descubrimientos facilitarán al americano, llena de hombres, de luces, de riquezas y de poder será en la tierra la primera parte de ella: dará opiniones, usos y costumbres a las demás naciones, llegará a dominar por su ilustración y riqueza, será en lo futuro en toda la extensión del globo lo que es al presente en Europa la rica y pensadora Albión.

Pero antes de llegar a esa cima de poder es necesario trepar rutas escarpadas, andar caminos peligrosos, saltar abismos profundos. No nos ocultemos los riesgos de la posición en que estamos. Publiquemos la verdad para que su conocimiento nos haga más prudentes.

Caerán los sistemas existentes, y se levantarán otros apoyados en bases más sólidas y observaciones más numerosas. El americano, dulce y sensible, dará su carácter a las artes y ciencias. Su imaginación fecunda creará nuevos géneros de poesía y elocuencia, otras ciencias, modelos nuevos de sentimental, tipos originales de bello. Si en la temperatura feliz de Italia fue donde se escribió el arte de amar, en el clima dulce de Quito es donde se hermoseará, glosará y perfeccionará.

La América no caminará un siglo atrás a Europa, marchará a la par primero, la avanzará después; y será al fin la parte más ilustrada por las ciencias como es la más iluminada por el sol.

Se mudarán las fisonomías y tallas, las organizaciones y caracteres. Esos americanos tristes y desmembrados, que sólo hablan ayes y suspiros, se tornarán en hombres alegres, altos y hermosos, como los sentimientos que darán su vida a su ser. No serán humildes como los esclavos, Tendrán la fisonomía noble del hombre libre.

Somos en el punto más peligroso de la carrera, nos hallamos en el período más crítico de los Estados. Vamos a formar nuevas instituciones, a hacer nuevas leyes, a crearlo todo de nuevo.

¿Una población heterogénea, dividida en tantas castas y diseminada en territorios tan vastos, llegará a unir sus votos sobre el Gobierno que debe constituirse? Las clases que han gozado, ¿serán bastante justas para dividir sus goces con las demás? Los que han sufrido, ¿serán bastante racionales para no excederse en sus peticiones? La opinión varía siempre según las temperaturas, los paralelos, intereses y estados. ¿Podrá uniformarse en una extensión de tantos grados y climas? La juventud, vana casi siempre y persuadida de un saber más grande que el que tiene, ¿respetará las luces de la experiencia juiciosa y previsora? ¿Los impostores de los pueblos olvidarán sus artes y sacrificarán a los del público sus intereses privados?

La justicia es, en caos tan grande, el lazo único que puede ligar intereses tan contrarios; y la justicia en lo político es el mayor bien posible del mayor número posible.

Es necesario preferir la forma de Gobierno menos peligrosa en circunstancias tan críticas. Pero es necesario presentar un plan que tiende al bien del máximo, es necesario formar una Constitución que haga felices a todas las clases, es necesario dictar leyes que, lejos de dividir, hagan una a la sociedad; leyes que no sacrifiquen los derechos de unos para distinguir o aumentar los derechos de otros, leyes que ofrezcan iguales premios a méritos iguales, y sólo tengan por mérito los servicios útiles al bien del máximo, leyes que castiguen con iguales penas a delitos de una especie, y sólo tengan por delito la violación de los derechos del hombre, leyes que no sean el voto de una clase sino la expresión de la voluntad general de los pueblos pronunciados por sus representantes.

Si en todos los países la Constitución es la obra que más debe meditarse, en América es este deber más grande que en los demás.

Que los Americanos marchen gradualmente sin dar saltos precipitados pasando del extremo en que eran a otro absolutamente contrario, que aquellos que elija la voluntad de los pueblos para Legisladores de América formen una legislación que sea desarrollo exacto del principio grande de sociedad o compañía, que los escritores dignos de serlo trabajen en uniformar la opinión para que no haya divisiones sensibles, que el patriotismo de todos los ciudadanos se interese en que la América del Septentrión no sea, como la del Mediodía, teatro funesto de guerras intestinas, que se modere la ambición, persuadida de que primero es ser que tener empleos, y que es imposible ser no habiendo orden y tranquilidad; estos son los votos de la razón en nuestro actual estado, mis deseos y los de todos los que aman racionalmente la América.

No marchó la América con el Plan que exigía la magnitud de su causa. Lo que hace derramar más lágrimas, lo que penetra más la sensibilidad; lo que más horroriza a la naturaleza es lo que se vio en los países más hermoseados por ella. Sangre y revoluciones son los sucesos que refiere la historia; muerte y horrores son los hechos de sus anales.

Ya está proclamada la independencia en casi toda la América, ya llegamos a esa altura importante de nuestra marcha política, ya es acorde en el punto primero la voluntad de los americanos. Pero esta identidad de sentimientos no produciría los efectos de que es capaz, si continuaran aisladas las provincias de América sin acercar sus relaciones, y apretar los vínculos que deben unirlas.

Separadas unas de otras, siendo colocadas en un mismo hemisferio, el Mediodía no existe para el Norte, y el Centro parece extranjero para el Sur y el Septentrión. El reposo de las unas, no es un bien para las otras, las luces de aquellas no son una felicidad para éstas. Chile ignora el estado de Nueva España; y Guatemala no sabe la posición de Colombia. La América se dilata por todas las zonas, pero forma un sólo continente. Los Americanos están diseminados por todos los climas, pero deben formar una familia. Si la Europa sabe juntarse en Congreso cuando la llaman a la unión cuestiones de alta importancia, la América, ¿no sabrá unirse en Cortes cuando la necesidad de ser, o el interés de existencia más grande la obliga a congregarse? Oíd, americanos, mis deseos. Los inspira el amor a la América que es vuestra cara patria y mi digna cuna.

Yo quisiera:

1.-Que en la Provincia de Costa Rica o de León, se formase un Congreso general, más expectable que el de Viena, más interesante que las dietas donde se combinan los intereses de los funcionarios y no los derechos de los pueblos.

2.-Que cada provincia de una y otra América mandase para formarlo sus Diputados o representantes con plenos poderes para los asuntos grandes que deben ser el objeto de su reunión.

3.-Que los Diputados llevasen el estado político, económico, fiscal y militar de sus provincias respectivas, para formar con la suma de todos el general de toda la América.

4.-Que unidos los Diputados y reconocidos sus poderes se ocupasen en la resolución de este problema: Trazar el plan más útil para que ninguna provincia de América sea presa de invasores externos, ni víctima de divisiones intestinas.

5.-Que resuelto este primer problema trabajasen en la resolución del segundo: Formar el plan más eficaz para elevar las provincias de América al grado de riqueza y poder a que pueden subir.

6.-Que fijándose en estos objetos formasen: 1o. la federación grande que debe unir a todos los Estados de América; 2o. el plan económico que debe enriquecerlos.

7.-Que para llenar lo primero se celebrase el pacto solemne de socorrerse unos a otros todos los Estados en las invasiones exteriores y divisiones intestinas, que se designase el contingente de hombres y dinero con que debiese contribuir cada uno al socorro del que fuese atacado o dividido; y para alejar toda sospecha de opresión, en el caso de guerra intestina la fuerza que mandasen los demás Estados para sofocarla, se limitase únicamente a hacer que las diferencias se decidiesen pacíficamente por las Cortes respectivas de las provincias divididas y obligarlas a respetar la decisión de las Cortes.

8.-Que para lograr lo segundo se tomasen las medidas, y se formase el tratado general de comercio en todos los Estados de

América, distinguiendo siempre con protección más liberal el giro recíproco de unos con otros, y procurando la creación y fomento de la marina que necesita una parte del globo separado por mares de las otras.

Congregados para tratar estos asuntos los representantes de todas las provincias de América, ¡qué espectáculo tan grande presentarían en un Congreso no visto jamás en los siglos, no formado nunca en el antiguo mundo, ni soñado antes en el nuevo!

Se crearía un Poder, que uniendo las fuerzas de 14 o 15 millones de individuos haría a la América superior a toda agresión, daría a los Estados débiles la potencia de los fuertes; y prevendría las divisiones intestinas de los pueblos sabiendo éstos que existía una federación calculada para sofocarlas.

Se formaría un foco de luz que, iluminando la causa general de la América, enseñaría a sostenerla con todos los conocimientos que exigen sus grandes intereses.

Se derramarían desde un centro a todas las extremidades del Continente las luces necesarias para que cada provincia conociese su posición comparada con las demás, sus recursos e intereses, sus fuerzas y riquezas.

Se estrecharían las relaciones de los americanos unidos por el lazo grande de un Congreso común, aprenderían a identificar sus intereses y formarían a la letra una sola y grande familia.

Se comenzaría a crear el sistema americano o la colección ordenada de principios que deben formar la conducta política de la América ahora que empieza a subir la escala que debe colocarla un día al lado de la Europa, que tiene su sistema y ha sabido elevarse sobre todas las partes del globo. La América entonces: la América, mi patria y la de mis dignos amigos, sería al fin lo que es preciso que llegue a ser, grande como el continente por donde se dilata, rica como el oro que hay en su seno, majestuosa como los Andes que la elevan y engrandecen.

Una colección de mapas, de planos, de historia, de viajes, de floras, de ensayos y obras de todas clases escritas sobre la América sería un tesoro para los americanos. Es necesario que los gobiernos vuelvan la atención a uno de los objetos más dignos de ocuparla; y yo quisiera:

1.-Que en la capital de cada uno de los Estados de América hubiese una Biblioteca pública formada de todas las obras escritas sobre la América, que todos los días se abriese y franqueasen en ella los libros, y que a más de esto se diese recado de escribir a quien lo pidiese.

2.-Que se estableciese en la misma capital una Academia americana compuesta de los hombres más ilustrados en cualquier ciencia, que los Académicos fuesen divididos en cinco clases o secciones, políticos, economistas, moralistas, físicos y matemáticos; que el instituto de cada clase fuese extractar de las obras escritas sobre la América lo más interesante en su ciencia respectiva, y que se publicasen los extractos en periódicos mensuales o semanarios. Son incalculables los bienes de uno y otro establecimiento. Cualquiera los conoce, y no hay necesidad de indicarlos. El conocimiento de un país es el primer elemento de su riqueza.

No deben oírse en un gobierno justo aquellos sofismas con que en otros países a pretexto de conceder lo que se llama protección o sostener lo que se denomina sistema continental se han violado los derechos de los pueblos para extender el territorio de un reino. Esas palabras protección y sistema continental son ya conocidas en la historia. Repitiéndose la primera una nación del Norte fue oprimida por quien se decía su protector. Haciendo resonar la segunda, otro tirano derramó la sangre de Europa.

Reconocer la independencia justa de Guatemala y no intervenir ni mezclarse en sus asuntos, es lo que interesa a la causa particular de esta y aquella nación, y a la general de la América.

Moral en los negocios privados de individuo a individuo Moral en los asuntos públicos de nación a nación. Esta es la única política justa y sólida. Yo no creeré jamás en otra. Si un hijo de México no puede mezclarse en los asuntos de un hijo de Guatemala, el gobierno mexicano no debe intervenir en los asuntos del gobierno guatemalano.

Los intereses de América exigen que respetándose mutuamente las naciones que la componen, los derechos de una no sean desatendidos por otra, exigen que todas guarden a sus vecinas la consideración que ellas mismas quieren para sí. Si la Europa ha sido desgraciadamente una tierra de sangre y horror, si no han sido en ella duraderos los gobiernos, si se han sucedido unos a otros sacrificándose víctimas a cada tránsito, es porque no han respetado la justicia, que es la única base de bronce sobre la cual se puede fabricar con solidez. Quod tibi non vis, alteri ne facias (no hagas a otro lo que no quieres para ti), es el verdadero derecho público, es la verdadera ciencia del gobierno.

Será feliz el pueblo donde los vecinos que viven en él respetan sus derechos individuales. Será feliz la nación donde los pueblos que la componen respetan recíprocamente sus derechos municipales.

Será feliz la América si las naciones que existen en ella respetan del mismo modo sus derechos nacionales.

Es justa la independencia de América. Convendría para sostenerla, que las naciones de este Continente celebrasen tratados bien meditados de alianza. Pero ni la justicia de la causa, ni la conveniencia de auxilios recíprocos, da a una nación derecho sobre otra nación.

Si México lo tuviera sobre Guatemala, porque invadida la segunda, la fuerza agresora podría acaso penetrar en el territorio de la primera, Guatemala lo tendría sobre Panamá, porque atacada ésta, la fuerza invasora podría pasar a aquélla, que es limítrofe; Panamá lo tendría sobre Nueva-Granada por la misma razón; Nueva-Granada lo tendría sobre el Perú; y el Perú lo tendría sobre Chile; Chile lo tendría sobre Buenos-Aires; y la América sería como la Europa, el país de la violación de los derechos más sagrados, el teatro de la guerra, el sepulcro de sus mismos hijos.

Ha indicado alguno que Guatemala se halla en imposibilidad absoluta de constituirse. No ha nacido en pueblo alguno de aquella nación, no podría formar la estadística de ella quien aventuró una expresión tan depresiva. El Congreso de Guatemala, compuesto de hombres que han nacido y vivido en sus provincias, de hombres que conocen y saben amarlas, tienen diversa opinión.

La mía no es de valor alguno; si lo fuera, pediría licencia para decir que he hecho algún estudio de Guatemala, mi patria carísima, y reunido más datos y estados que quien la ofende; que tiene los elementos necesarios, y bien administrada, será una de las primeras naciones de América. Sea lo que fuere, la calificación de este punto no corresponde a los congresos de otras naciones. Corresponde al Congreso mismo de Guatemala. No son las cortes de la antigua España las que deberían declarar si México tiene todos los elementos precisos para constituirse. No es el Congreso de la nueva el que debería calificar si existen en Guatemala.

La decisión de los destinos de un Estado corresponde a él mismo. Si independencia de una nación dependiera del juicio de aquella a que ha sido sometida, raras serían en la extensión de la tierra las naciones independientes. Los reinos de Europa no lo serían de Roma antigua; Holanda no lo sería de España; Portugal no lo sería de Castilla; los Estados Unidos no lo serían de Londres; la India estaría eternamente sujeta a los gobiernos europeos que la dominan; y las costas de África jamás serían libres de las naciones que tienen abastecimientos en ellas.

En Madrid se publicó el año anterior un papel en que su autor dijo, que la América estaba dos siglos distante del grado a que es necesario subir para ser independiente. La América continúa, sin embargo, su marcha política, y va consolidando su independencia. Si en México ha dicho un individuo que Guatemala no puede constituirse, sigue patria mía, tu carrera; respeta en todo la justicia, no tengas otra política que la moral inspirada por el Criador del hombre, y elevada al sublime por nuestra santa religión; concilia con la beneficencia los intereses que sean divergentes; no olvides los principios de quien manifestó hasta la evidencia los males de las proscripciones o persecuciones injustas; haz conocer al mundo entero la justicia de tu causa. No lo dudes: Dios la protegerá, y el Congreso de México sabrá respetarla.

Los dignos individuos que lo componen saben que el hombre que ha estudiado más la historia de los pueblos, y derivado de ella verdades más importantes, dijo: "Las naciones conocen ya que su interés es el que debe dirigir sus negocios, y no se equivocan sobre la naturaleza de este interés. ¿Qué les importa el estudio vano a que se dedican los gabinetes de Europa, y consiste solamente en cálculos de engrandecimiento en territorio o en influencia? El único estudio positivamente útil que tiene por objeto directo, no es el aumento de poder a expensas de la justicia y con ruina de los Estados vecinos, sino la prosperidad interior y la felicidad doméstica".

La región de las ciencias naturales es la Ecuatorial. Aquí es donde la vegetación, triste y monótona en otros países, se ostenta lozana, bella y variada; aquí es donde la naturaleza se desarrolla en dimensiones que no tiene en las otras zonas: aquí es donde suben a árboles los individuos de especies que en Europa son hierbas o arbustos; aquí es donde las gramíneas, las leguminosas, las malvaceas, débiles, pequeñas y herbáceas en otras partes, se desenvuelven con una energía que asombrando al viajero, ¡Qué grande y majestuosa, le hace decir, es la naturaleza de América!

Vivir en ella y no observarla, ser hijo suyo, y no conocerla es oprobio de la razón, y humillación del americano. No olvidemos nuestros derechos; pero volvamos los ojos a las fuentes de riqueza. Uno y otro, es lo que nos hará felices y elevará al punto de grandeza que podemos tener.

Propóngase pues, una confederación de todas las naciones de América. Los pormenores de obra tan grandiosa necesitarían de una consideración muy prolija y laboriosa; pero su principio debiera ser el establecimiento de una constitución, que se pareciese a la nuestra, por medio de la cual un congreso velase sobre las relaciones mutuas de los estados federados, sin que se mezclase para nada en sus regulaciones interiores; que velase sobre las relaciones de todos y de cada uno de los estados con las potencias extranjeras, y que manejase la fuerza reunida de todos los estados en defensa de aquel de sus miembros que fuese atacado.

Estas bases serían la mejor garantía de nuestro poder y tranquilidad, y sus fundadores merecerían la admiración y agradecimiento de todas las venideras generaciones. El plan es practicable en este momento, pues las historias nos prueban que muy pronto después de la fundación de una nación, se suscitan motivos de disensiones, bien sea sobre la extensión de sus fronteras, bien sobre sus derechos, los de su comercio y otros muchos tópicos que agitan al género humano, y que se convierten muy luego en guerras que pasan de padres a hijos, entristeciendo el aspecto de la naturaleza y que empapan la tierra con lágrimas y sangre. Al presente no hay divergencia de intereses entre nosotros, y el plan que proponemos lleva por objeto el precaverla para lo venidero; más si por una fatalidad se suscitase, este mismo proyecto podía servir de correctivo.

Se dice que las naciones extranjeras verán con ojeriza esta alianza. A esto respondemos que su fuerza será suficiente para efectuar el bien y ver con indiferencia la rabia de los hombres injustos. Los tratados de mera alianza hasta el día no han tenido eficacia; todos se han terminado con disgusto y se han disuelto. Decimos además que los tiempos modernos nos presentan varios ejemplos; la santa Alianza es uno de ellos, y otro la confederación alemana, la confederación del Rhin; la unión de las tres coronas de Inglaterra, Escocia e Irlanda; los dominios del emperador de Austria; las alianzas de los tiempos de la edad media; las de las repúblicas antiguas de Grecia son otros tantos ejemplos.

Los errores de éstas nos amonestan y nos enteran del modo de evitar los males y formar nuestra unión bajo una base más sólida y duradera. El resultado que tuvieron aquellas de centralizarse en un punto, no puede tener lugar en la alianza que nosotros proponemos; nuestras regiones son muy dilatadas y demasiado enormes sus distancias; las federaciones antiguas y las de Europa podían meterse en uno de nuestros estados más pequeños; y por sus usos, lengua, y costumbres todos tendían a formar una sola nación; pero querer formar una sola nación de toda la América, sobre ser cosa absurda, es un imposible.

Este proyecto de confederación general para la América se somete al público como un medio de obtener fuerza en lo exterior y paz en lo interior. Todos los argumentos de humanidad, política, y razón nos llaman a consolidar el efecto fraternal entre los habitantes de este continente, y de guardarnos por medio de una vigilancia sagrada contra la más mínima discusión.

Habiendo sabiduría en los gobiernos establecidos en este continente, ¿qué grande, rico y poderoso puede ser el nuevo mundo? ¿Qué rapidez de progresos puede haber en las nuevas repúblicas?

¿Qué inmensidad de bienes pueden gozar sus habitantes? ¿Cuántos talentos y capitales pueden unirse en la América?

Que la razón, ilustrada con la historia de las demás naciones, sea la que nos guíe, que si en el mundo físico se ordenan los cuerpos según el peso respectivo de su gravedad, en el mundo político se coloquen los hombres según sus talentos y cantidad relativa de su mérito; que no se dé veneno a Sócrates porque es sabio, ni se destierre a Arístides porque es justo; y la población más útil de algunos pueblos de Europa se trasladará a las repúblicas de América. Los hijos de otras naciones viendo que el mérito no es perseguido o ultrajado, volarían a un país donde fuese premiado o al menos respetado. Se aumentarían los géneros diversos de méritos; y la suma de ellos haría la felicidad de la patria.

ESTADO COMPARATIVO

	Lenguas cuadradas	Población	Potencias
América Española	468.000	16 millones	6
Europa	422.000	140 millones	16
	Gobierno	Religión	Lengua
Europa	Uno republicano y 15 monárquicos	Católica, mahometana, protestante y sus ramificaciones	Española, portuguesa, francesa, italiana, inglesa, alemana, etcétera.
América Española	Todos republicanos	La católica	Español

Este pequeño cuadro manifiesta:

1.-Que la despoblación de la América es asombrosa en la extensión inmensa de su territorio. Cuatrocientas veinte y dos mil leguas cuadradas, menos fértiles que las de América, tiene en Europa 140 millones de individuos; y cuatrocientas sesenta y ocho mil leguas también cuadradas, más fecundas que las de Europa, sólo tienen en América 16 millones de habitantes;

2.-Que las leyes, providencias, o medidas que tienden a despoblar las naciones son en América más funestas que en Europa y hacen en la una males más grandes que en la otra. Seis millones de hombres emigrados o destruidos en la segunda serán una falta apenas perceptible en su inmensa población. Pero un millón de hombres muertos en la primera serían vacío muy grande, que no se llenaría en muchos años;

3.-Que las conquistas (de intriga o de fuerza) detestables en cualquier país donde haya Razón lo serían mucho más en la América donde todavía se sienten sus tristes efectos. No es el espíritu destructor, es el espíritu conservador el que se necesita en el mundo. Que se multipliquen los labradores que hacen brotar espigas a los desiertos; que se proteja a los artesanos que visten al pobre con sus tejidos; que no se pongan trabas a los comerciantes que llevan a un lugar menesteroso el superfluo de otro abundante. Pero los conquistadores que usurpan pueblos corrompiendo primero la opinión en los periódicos o papeles públicos, empleando después todas las arterias subterráneas de la intriga, amenazando seguidamente con la fuerza, y haciendo al fin uso de ella, serán siempre condenados por la Religión, execrados por la razón, enemigos del hombre, tigres de nuestra especie. El territorio de una nación es más sagrado que la casa de un ciudadano.

Los que violasen las fronteras de una República o reino serían más criminales que los que quebrantasen los mojones de una hacienda o cortijo. El que intrigase para vender o sujetar su Patria al gobierno de otro país sería reo más odioso que el homicida que mata a su semejante, o el parricida que da muerte a su padre. Es una la moral, una la ley. Si es prohibida la muerte u opresión de un individuo, debe serlo con mayoría de razón la muerte u opresión de millares de individuos.

4.-Que la América puede aumentar su población a un grado prodigioso, que la elevaría sobre todas las partes de la tierra. Si 422.000 leguas cuadradas tienen 140 millones de habitantes, 468.000 pueden tener (aún suponiendo iguales los casos).

5.-Que la política de los congresos, asambleas o cortes debe volverse el objeto importante de dictar leyes protectoras de la población. Sin hombres no hay sociedad; sin medios de subsistencia no hay hombres. El talento no ha publicado jamás verdad más interesante para el nuevo mundo. Ella presenta en una línea la marcha que debe seguirse, ella manifiesta la necesidad de hombres, y el medio grande de multiplicar los hombres;

6.-Que pobladas como pueden serlo las tierras de América, se aumentarían en ella las Potencias que ahora no son más que seis (México, Centro América, Colombia, Perú, Argentina y Chile). Es muy difícil; es acaso imposible que elevada la población al máximum a que puede subir continúe toda ella regida por seis gobiernos. Si los que ahora existen mandan territorios inmensos, es porque esos territorios están desiertos; y las plantas que vegetan en ellos no tienen el derecho de petición.

Cuando haya hombres que conozcan sus intereses; cuando en cada legua cuadrada existan ciudadanos que sientan toda la dignidad de este título y sepan estimar todos sus derechos, es natural que hagan uso del que creerían tener para no ser administrados por gobiernos muy lejanos. Cada potencia será dividida en diversas potencias; de cada República brotarán distintas repúblicas; el hijo de Yucatán o de las provincias internas no querrá ser gobernado por México a tantas leguas de distancia; se multiplicarán los Estados; y cada Estado, rico y poderoso por su independencia, aumentará las fuerzas o poderes de la América y gozará los bienes que asegura la proximidad de un gobierno paternal;

7.-Que en América hay homogeneidad más grande que en Europa en los elementos principales que constituyen la fuerza moral de una nación. La Religión que es el primero de ellos; la Religión que dilata su imperio más allá de los límites a que se extiende la ley es una en toda la América española. La lengua que se habla en ella; la lengua que ejerce en el hombre un poder tan grande ejerciéndolo en sus ideas y sentimientos es también una en todas las repúblicas hispanoamericanas.

Los gobiernos que dan impulso a su marcha, y dirección a sus negocios se han levantado sobre bases semejantes, coinciden en los primeros principios de sociedad, y se tocan en los puntos principales. Los americanos tiene un origen común. Todos a excepción de un pequeño número descienden de los españoles o de los indígenas, o de los indígenas y españoles. Las naciones de Europa están separadas unas de otras por los Alpes y Pirineos que la dividen, por la Religión que profesan, por los idiomas que hablan, por las costumbres y caracteres que las diversifican, por el origen árabe, anglo, franco, godo, etc. de que proceden.

En América no hay barreras, no hay Pirineos, no hay Alpes. Todos los americanos son hermanos; descienden de unos mismos padres; profesan una misma Religión; hablan un mismo idioma; y regidos tres siglos antes de su independencia por un solo gobierno, sus usos, sus modales se asemejan también en diversos aspectos.

Si hay en el mundo pueblos donde sea posible dar realidad a las ideas bienhechoras de amistad y alianza universal, la América es la que ofrece unidas en mayor número proporciones más felices. ¿Pero se gozarían todas las que presenta si proponiéndose por un rumbo proyectos de confederación general, se violara por otro la integridad de los territorios? ¿Produciría todos los efectos que promete la unidad de religión, idioma, y principios sociales si hollando esos mismos principios se violentara por una República con fuerza o intrigas a pueblos que han sido y quieren ser parte integrante de otra?

Yo no cesaré de repetirlo. La Justicia es la única que hace felices a las naciones y duraderos sus gobiernos; la justicia es el cimiento de mármol sobre el cual debe levantarse el edificio grande de las sociedad políticas, Si el espíritu de ambición o de codicia comenzara a existir en nuestras repúblicas, si la manía de las conquistas empezara a traspasar los linderos, todas las esperanzas de felicidad serían perdidas para la América. Dado el primer paso de injusticia se darían sucesivamente los demás; conquistado un palmo de tierra se querría conquistar otros. Comenzarían al fin las reacciones; desaparecería la paz y sosiego; y la América que se ha pronunciado independiente para ser feliz, sería el caos mismo de la infelicidad.

El asunto grande de la América se presenta cada día en aspecto más lisonjero. Cuatro son las bases principales que fundan sus esperanzas: 1.-La justicia de su causa; 2.-El reconocimiento de la

Inglaterra y los Estados Unidos; 3.-La debilidad de España; 4.-La necesidad que tiene el comercio europeo de los frutos y consumos americanos.

1.-La justicia de nuestra causa es ya una demostración en el antiguo y nuevo mundo. Un océano inmenso está colocado entre la España y la América; y mientras exista esa masa divisoria de aguas, la voz de la naturaleza será inequívoca. Oyéndola los americanos han luchado por su independencia y están decididos a sostenerla. Olañeta, general que defendía en la otra América la soberanía del rey de España, fue derrotado, herido, y muerto en abril último. Se anuncia que el general Rodil, que se sostiene en el Callao, tendrá igual destino. El castillo de Ulúa es objeto del gobierno mexicano que con el auxilio de los empréstitos empieza a crear su marina, y en septiembre próximo esperaba para servicio de la nación un navío de guerra de más de 80 cañones, dos fragatas de 40 y dos bergantines.

2.-La Inglaterra que es la nación más poderosa del mundo y los Estados Unidos que son la primera potencia de la América han reconocido la independencia del nuevo mundo; y el ejemplo del fuerte tiene siempre influencias que también lo son. Si España por sí misma quiere reconquistar la América, es decir, si el gobierno de ocho a nueve millones de hombres quiere volver a tener sujetos a los gobiernos de catorce quince millones de individuos, acordes en defender sus derechos, la Inglaterra será espectador imparcial de la lucha. Pero si otra potencia tomando parte en ella, franquea auxilios a España, el poder Británico y el de los Estados Unidos se desplegará vigorosamente en defensa del nuevo mundo,

3.-España es una lección viva que no deben olvidar jamás los gobiernos, fue en los siglos anteriores una de las potencias más respetables del mundo. No se ha variado su posición geográfica, no se han mudado sus elementos físicos, y sin embargo de esto es al presente es uno de los Estados más débiles.

4.-La América es el mineral inmenso que da a la Europa el oro y la plata que necesita para ser más rápida la circulación, es el país que le da las materias primas, y la plaza grande de los consumos. Los comerciantes europeos era preciso que sintiesen esta triple necesidad y obrasen en consecuencia conformes con lo que sentían. No son ya de pequeños capitales, ignorantes y degradados como eran en los tiempos antiguos. Reuniendo las fuerzas del cálculo y la riqueza, de la ilustración y las relaciones son en los estados modernos un poder respetable que desde las lonjas o almacenes decide la paz o la guerra, las amistades o alianzas.

Los comerciantes de Inglaterra, siempre los primeros en la combinación de los intereses mercantiles, hicieron representaciones enérgicas para que se reconociese la independencia del nuevo mundo; y su voz fue por último por el gobierno británico. Los comerciantes de Francia han hecho iguales peticiones; y el cálculo de las probabilidades inclina a pensar que su solicitud está al fin entendida.

Todo es posible en las combinaciones de un gabinete, pero los últimos pasos del gobierno francés, lejos de alarmar parecen dirigidos al reconocimiento deseado de la independencia de América. Se asegura que uno de los ministros franceses dio garantía formal a un comerciante que se la pidió para emprender negocio.

El cuadro de una nación donde se manifiesta su posición física y política, donde se descubren sus riquezas, y se indican sus recursos es de la mayor importancia para sus progresos. Le da opinión en el mundo culto, aumenta su representación, le facilita relaciones, extiende su comercio, y contribuye a su prosperidad.

Casi todas las provincias de América han tenido la felicidad de ser observadas en tiempos de luces por hombres eminentes en las ciencias.

No se verá en América el cuadro funesto que se vio en Europa cuando los triunviros de Roma en noche tenebrosa, en medio de truenos y relámpagos se dividieron entre sí el mundo entonces conocido. No se reproducirá en estas nuevas regiones la iniquidad grande que se cometió en las antiguas cuando en 1795 los emperadores de Rusia y Austria hollando todos los derechos dijeron: Los dos soberanos convencidos por la experiencia de lo pasado, de la absoluta incapacidad de la república de Polonia para vivir pacíficamente bajo sus leyes manteniéndose en un estado de independencia han reconocido con su sabiduría y su amor a la paz y felicidad de sus súbditos, que era de necesidad indispensable proceder a una división total de esta república entre las tres potencias vecinas. (Rusia, Prusia y Austria).

Todos los Estados de América saben que no son los conquistadores los que deben calificar la aptitud o incapacidad de las víctimas que quieren sacrificar, todos ellos conocen que el respeto mutuo de sus derechos recíprocos es el que ha de crear y conservar la felicidad general. ¿Pero si la república de Centro América llegara a ser partida entre la mejicana y colombiana, no se levantarían en tal hipótesis dos colosos enormes que harían temer por la libertad de los demás Estados del nuevo mundo?

¿El contacto de esos colosos no produciría la lucha de los dos, y la guerra de ambos no envolvería en desgracias a las otras repúblicas de América?

Si en vez de ser enemigos o rivales, se unieran con los lazos de la alianza más estrecha, ¿esa misma alianza no sería una alarma para todo el nuevo mundo? Y la Liga santa que desde Petersburgo, Viena y Berlín ha jurado la destrucción de todas las instituciones liberales ¿no calcularía con gozo la debilidad progresiva de las repúblicas complicadas en divisiones y guerras? Y cuando llegase el momento de la oportunidad ¿no las atacaría, exhaustas sin fuerzas ni recursos? ¿Y esa desgracia no sería general para todas sin exceptuar a la colombiana y mejicana?

La América no sufrirá en lo sucesivo la ecuación original que ha hecho su infelicidad.

Las leyes que antes tenían el carácter de españolas, porque eran formadas por españoles, tendrán ahora el carácter de americanas porque serán formadas por americanos.

Los representantes de los pueblos que debían antes de salir de un hemisferio y pasar al otro, atravesar el océano y sufrir nuevos climas, entorpecerse acaso por la influencia poderosa de temperaturas distintas; ser víctimas tal vez de achaques malignos, aumentar los gastos y multiplicar las dietas, llenarán sus funciones en el continente mismo donde han nacido,

El Congreso formado antes de un cuarto de americanos y tres cuartos de españoles, será en lo futuro compuesto sólo de americanos o de españoles aclimatados en la América,

La legislación que, dividida entre España y América, tendía al bien de la primera, concentrada ahora sólo en la América, mirará sólo por la felicidad de ella.

Se va a instalar en Panamá el Congreso general de la América; y en esa dieta expectable donde se van a reunir plenipotenciarios de todas las nuevas repúblicas, sería importante que se acordase la expedición que debe recorrer el Nuevo Mundo y ser costeada por los Estados que existen en él,

Recorrida la América por viajeros dignos de contemplar esta naturaleza grande, rica y majestuosa; determinadas las posiciones geográficas de los puntos o lugares principales, observadas las temperaturas y elevaciones de ellos, clasificados los minerales, vegetales y animales que la hermosean y pueden enriquecer, reconocidos los puertos y bahías de sus costas, distinguidos los hábitos, caracteres, costumbres y organizaciones físicas de sus indígenas, corregidos su mapa y los de las repúblicas que hay en ella; formada en fin la geografía de sus minerales, la de sus plantas y la de sus animales, levantando cartas exactas que designen las zonas de ellos y expresen las escalas de temperaturas y elevaciones respectivas en que se crían y viven, ¡cuánto se extenderían las ciencias!

¡Cuánto se mejorarían las artes! ¡Cuánto adelantarían las industrias! ¡Cuánto se mejorarían los métodos! ¡Qué progresos!, ¡Qué riquezas!, ¡Qué revoluciones habría en el sistema general de los conocimientos humanos!

Las repúblicas aumentarían las tablas de sus riquezas, el Nuevo Mundo aparecería más grande, el Congreso de Guatemala tendría nombre; y el de Panamá se haría inmortal en los anales de la América.

Pido, pues, que el Congreso se sirva acordar que los ministros plenipotenciarios enviados a la Asamblea General de Panamá exciten el celo de ella para que se digne decretar una expedición científica compuesta de geógrafos, astrónomos, naturalistas, etcétera, costeada por los gobiernos de las repúblicas de América y destinada a recorrer y observar los puntos principales del Nuevo Mundo.

He visto en el Águila mexicana un artículo que ha llamado mi atención. Dice que el presente no es el momento de la oportunidad para formar la Confederación americana; que no puede acordarse ni con esta república porque a más de la revolución que la divide, no podría cumplir sus empeños, ni con la Colombia porque Bolívar la gobierna arbitrariamente, y aspira a la dominación absoluta, ni con la del Perú porque la amenaza un rompimiento formal con Colombia, etcétera.

Yo no sé qué idea (altamente depresiva) se tiene de nuestra república. En ella existen elementos grandes, y un gobierno ilustrado sabría desarrollarlos... suponga cierto cuanto dice el autor del artículo ¿Será prudente fabricar a la faz de la Europa el mal estado de la América, y las dificultades de unirse las repúblicas en alianza para defender sus derechos? ¡Con qué gozo leerá Fernando VII el artículo del Águila! Y cuánta extensión darán a sus esperanzas los enemigos poco justos del nuevo mundo. No se hagan alianzas, si no se juzga conveniente. Pero no nos deprimamos unos a otros. Si es idéntica la causa que defendemos, ¿para qué debilitarla cuando no podemos darle nueva fuerza?

Es obra extremamente difícil la de abolir gobiernos antiguos, otros nuevos y consolidarlos, especialmente, en países donde no hay ilustración. Las repúblicas de América necesitan todo el máximum de la prudencia para no dar traspié en la carrera que han comenzado. De otra suerte sería terrible el cumplimiento de lo que dijo Montesquieu: "Dans les lieux mêmes ou l'on a le plus cherché la liberté, on ne l'a pas toujours trouvee".

Traducción: "En los lugares donde más se ha buscado la libertad es donde menos se la encuentra".

Es muy interesante la miniatura que hace usted de las naciones de esa parte hermosa del mundo. Yo la he contemplado atentamente y manifestado a diversos amigos. Quisiera que los gobiernos de América la tuviesen siempre delante de los ojos. Ellas le darían lecciones importantes para no equivocar su marcha.

Pero yo no sé qué genio maligno se place en nuestros extravíos. No hay todavía en las nuevas Repúblicas una sola que pueda gloriarse de tener ya consolidadas sus nuevas instituciones.

El Congreso de América, instalado en Panamá, acordó su traslado a Tacubaya. Pero no ha abierto hasta ahora sus sesiones. Lejos de abrirlas, se ha publicado en el Águila mejicana, periódico ministerial, un artículo digno de atención. Se dice en él, que el objeto primero del Congreso es acordar la confederación de las repúblicas, y que el estado político de éstas embaraza la ejecución de un pensamiento tan grande.

El origen de tan triste posición está en los españoles que no aman la independencia del nuevo mundo, en los eclesiásticos que aborrecen las formas republicanas, y en los aristócratas que detestan las instituciones liberales. Yo no olvido las palabras del Barón de Humboldt.

Pradt es el escritor grande de la América, nuestro abogado y defensor a la faz de los reyes enemigos de nuestra libertad. Los demás impresos dan noticias de sucesos importantes en lo político, e interesantes en lo económico. Yo aprendo mucho observando y comparando desde la soledad de mi gabinete el movimiento de las diversas repúblicas de América. Cada una de ellas es libro más luminoso que los volúmenes de Europa, o los rollos de Grecia y Roma.

Un Estado no debe mezclarse o tener intervención en el gobierno de otro. En la América no debe imitarse la política injusta de la Europa. Que Chile se constituya como le parezca, que Guatemala elija el gobierno que le convenga, que México forme la Constitución que le interese. Ni Chile tiene derecho para mezclarse en los asuntos de Guatemala, ni en Guatemala lo hay para introducirse en los de México, ni en México puede haberlo para intervenir en los de Chile y Guatemala. Si unos Estados quieren mezclarse en la administración de otros, la América será como la Europa, un caos de sangre, de muerte y de horror.

Treinta años corridos desde 1789, dice de Francia un hijo suyo, han sido 30 años de desgracias, crímenes y errores. Veinte y dos años pasados desde 1810, digo yo de la América, mi patria, han sido 22 años de equivocaciones, sangre y lágrimas.

EL AMIGO DE LA PATRIA

Dar conocimientos al labrador, al artesano y al comerciante; manifestarles sus intereses, presentarles las observaciones que más les convengan, estimularlos a la adquisición de las luces que más les importan, es hacer el servicio más distinguido a los hombres útiles y ciudadanos productores.

Ciencias, Gobierno, Agricultura, Industria y Comercio, tales son los objetos a que llamamos la atención de los que puedan escribir con juicio.

El que trabaje en ellos, el que se consagre a destruir errores dañosos, o sostener verdades útiles, es "Amigo de la Patria": el periódico en que se publiquen sus pensamientos tendrá justamente el mismo título.

Fijos en el bien general del pueblo, ofrecemos gustosos darlo a luz. Publicaremos en él los papeles que se remitan a la imprenta de don Manuel Arévalo, siendo francos de porte los que vinieran de fuera, daremos un pliego cada semana, comenzará su publicación por semestres el 16 del presente, será un real el valor del pliego para los suscriptores de esta ciudad, se añadirá el porte para los de otros lugares; y los que quieran serlo, pueden ocurrir a la tienda de don Camilo Hidalgo Melón, que por servir al público ha ofrecido encargarse de este trabajo.

No temáis, hombres de seso. "El Amigo de la Patria" no ofenderá a los individuos que la componen.

*El Amigo de la Patria fue dirigido por Valle del 6 de octubre 1820 al 15 de abril de 1822.

La moral es de todas las épocas, de todos los siglos y países. Se revocan las leyes, se mudan los sistemas legislativos, caen unos imperios, y se levantan otros; desaparece Roma y se eleva Albión. Pero en medio de las revoluciones, sobre los escombros de los estados, y en el esplendor del poder la moral es una; y esta moral prohíbe la calumnia, la ofensa y la personalidad.

¿Si el hombre era respetable antes de la Constitución, habrá cesado de serlo después que esta ley grande lo ha elevado y sancionado sus derechos?

Vuelve a seguir su marcha nuestro periódico, interrumpido por urgentes ocupaciones. Son diversos los que lo han pedido, y las circunstancias parecen también exigirlo.

El día 15 de septiembre de 1821 se abrió una línea profunda que separa lo que es de lo que ha sido. Si eran antes de aquella fecha vasto el campo, y multiplicados los objetos, después de época tan memorable, los espacios son inmensos y los puntos infinitos. Dilataremos la vista por ellos, la fijaremos en los principales, la volveremos a lo pasado, nos lanzaremos a lo futuro.

Pero la América y Guatemala (parte hermosa de la América) será siempre nuestro caro objeto.

El tiempo vuela con la rapidez del águila, y su movimiento precipita los sucesos, varía las escenas, y nos pone en situaciones diversas. El 7 de Mayo de 1821, cuando comenzamos el segundo tomo de este Periódico, Guatemala era provincia de España. El 15 de septiembre siguiente, cuando no lo habíamos concluido, Guatemala se pronunció independiente del gobierno español.

A este suceso grande han seguido todos los que hemos visto; y tras los que vemos seguirán acaso otros que serán tal vez sucedidos de los que menos pensemos.

Este movimiento no interrumpido de sucesos, estas posiciones variadas en menos de seis meses, indican la dirección que debía darse a la pluma, y la marcha que debía seguir nuestro periódico. No habló Guatemala en circunstancias tan precisas. Hablamos nosotros por ella, porque somos hijos suyos; y no usurpa atribuciones quien habla por su patria.

Se abre el tercero en posición muy distinta, cuando la escena es muy diversa, cuando los objetos se multiplican, y los sucesos se acumulan. Antes se preparaba la opinión para que los pueblos se aproximasen al acto más importante de nuestra vida política. Ahora debe volverse a otros puntos la atención y fijarse en otros objetos el pensamiento.

Levantándose un peso opresor, los cuerpos que lo sufrían se dilatan en dulce expansión, e impelidos por su elasticidad toman movimientos distintos.

Alzándose la fuerza del despotismo, los pueblos a quienes oprimía se abren con toda la energía de sus resortes, y movidos por ella siguen direcciones diversas.

PODER

He aquí uno de los orígenes más grandes de las desgracias del género humano. No hay igualdad entre los individuos ni entre los pueblos. Los hombres educados son dueños de los incultos, los pueblos ilustrados dominan a los ignorantes.

Son raras entonces las virtudes, porque es difícil que las haya en señores y esclavos. El hombre que siente la superioridad de su poder se inclina a abusar de él, conoce que puede hacer todo lo que quiere, y esta triste conciencia le arrastra muchas veces a querer aún lo que no puede.

Desde que los hombres, dice un escritor, existen en sociedad, dos grandes procesos agitan el espíritu humano y arman alternativamente con la cuchilla de las proscripciones a una y otra de las partes contendoras:

1º. Ha existido antes y existe ahora un proceso entre los pueblos que quieren la libertad política y civil, y los jefes, temporales o vitalicios, electivos o hereditarios, reyes o emperadores, que quieren tener poder absoluto.

2º. Ha existido antes, y existe ahora, otro proceso entre los pueblos que no quieren admitir otras distinciones que aquellas que sean convenientes al interés de todos; y las clases de aquellos individuos que han usurpado y quieren todavía conservar para su privativo interés privilegios honoríficos o pecuniarios.

Combate el espíritu de libertad con el de dominación o poder absoluto, combate el espíritu de igualdad con el de distinción o privilegio. Este es el cuadro de las naciones o sociedades políticas del mundo antiguo.

Los pueblos de Europa, salvajes o bárbaros primero, dominados después por Roma antigua que, liberal o justa para sí, era una tirana para los demás: invadidos posteriormente y subyugados por los godos, vándalos, hunos, etcétera, oprimidos por monarcas absolutos y ministros ignorantes o inmorales, sensibles al sufrimiento de tantos males, ilustrados en sus derechos por hombres que desde la altura de sus gabinetes derramaban luces sobre toda la especie, quieren ser menos infelices, quieren constitución, quieren una ley que señale límites a los poderes, dé a todos derechos y prescriba a todos deberes. Es justa su demanda y no tiene moral, o no habla lo que siente el que niegue la justicia de solicitud tan conforme a razón. Pero los gobiernos y las clases no quieren dejar de ser aquellos absolutos y éstas privilegiadas.

El interés personal unió a las clases con los gobiernos; y el interés, público o social unió a los pueblos entre sí. Empezó el combate o la lucha, empezaron los gobiernos a ser enemigo de los pueblos, y los pueblos enemigos de los gobiernos, y no hay armonía entre los que se mandan y los que obedecen; y la Europa se ve amenazada de todos los males temibles en posición semejante.

Los pueblos de América, salvajes también al principio, dominados después con arbitrariedad por los Incas y Moctezumas, conquistados posteriormente por los Corteces y Pizarros, envueltos en las desgracias que afligían a los europeos ilustrados con las luces que del mundo antiguo pasaban al norte del nuevo, y desde él volaban por el centro y mediodía, quieren también ser menos desventurados, quieren constitución, quieren tener cerca los gobiernos directores de sus destinos. Su demanda es igualmente justa. La religión la aprueba y la razón la defiende. Pero el mismo espíritu de privilegio y poder absoluto que repugna el bien de los pueblos de Europa resiste también el de los de América. Se ha formado una alianza que con escándalo se llama santa; y el objeto de esa santa alianza es que no haya constituciones justas, que no haya leyes iguales para todos, que el mundo nuevo esté sujeto al viejo; y dominen los poderosos absolutos.

Todo movimiento que rescinde el lazo social existente y le sustituye otro, deja en el intermedio de la operación un espacio de tiempo vacío que en la sociedad existe más bien por los vínculos morales que por los políticos. Cesa la ley antigua, aún no se ha sustituido la nueva, la dictadura que se pone en lugar de ambas sólo tiene más fuerza de opinión fundada en la celebridad de los que ejercen, más no una fuerza legal.

En esta época se forman los partidos, hacen las esperanzas ambiciosas, se comprometen los hombres unos con otros; y cuando empieza a reinar la ley nueva, encuentra ya siendo ella todavía niña y débil, crecidos y robustos los monstruos que debe combatir. En esta época interesante se hallan formados tres partidos muy caracterizados, todos igualmente garantizados por la ley.

El primero es el de los amigos del antiguo régimen. Este se compone de los intereses creados por dicho régimen y a veces aglomerados y compactos por el transcurso de muchos siglos; compone de preocupaciones, hijas de las doctrinas antiguas y envejecidas; se compone de preocupaciones hijas de hábito del temor a la novedad; del egoísmo que no quiere renunciar al descanso, aunque sea el del sepulcro, y de la inclinación irresistible que tienen todos los hombres a conservar sus ideas y sentimientos; se compone en fin de todas las ambiciones acostumbradas al imperio bajo dicho régimen y a las cuales no se les ofrece compensación alguna en el nuevo orden de cosas. A este partido llamaremos la oposición retrograda porque su objeto es hacer retrogradar la nación al antiguo sistema de gobierno.

El segundo partido es el de los que no bien contentos con la distribución del Poder en las personas a quienes lo ha dado la nueva ley, quisieran un movimiento más rápido, una convulsión más activa en la cual adquiriesen ellos más parte en la autoridad y en los intereses públicos. Este partido se compone de doctrinas exageradas, de las ambiciones no satisfechas, de los temores de que vuelva el antiguo régimen; en fin, de la necesidad de sangre que atormenta a algunos individuos de la especie humana. A este partido llamaremos la oposición por exceso, porque su objeto es desnaturalizar la nueva ley, exagerando todos sus principios y aspirando a toda la autoridad.

El tercer partido es el de los hombres que, convencidos de la necesidad de la nueva ley, la aceptan en todas sus consecuencias, la sostienen y la conservan tal como se ha promulgado.

Este partido se compone de los verdaderos patriotas, es decir, de los hombres que atienden más al bien de su país que a sus intereses y pasiones particulares; de los ambiciosos satisfechos, de los amantes de la libertad y del orden, de los comerciantes e industriosos, de los sabios, de los amantes ates de la gloria, en fin, de toda la masa culta de la población.

A este partido llamaremos el partido del Gobierno, porque dicho se está que el gobierno establecido por la nueva ley debe hallarse al frente de este partido.

No hay más medios para acallar el grito de la razón que la inquisición y el despotismo. El mundo no puede retrogradar, por consiguiente, los amigos del antiguo régimen no pueden triunfar sino por medio de la fuerza. Luego si han de recobrar su antiguo poder e influencia, han de conspirar por precisión y como están seguros de que no encontrarán en su nación los elementos necesarios para comprimir, los buscarán en las naciones extranjeras.

Rara vez se usa bien el triunfo y mucho más con enemigos que aunque humillados conservan el deseo de la victoria y quizá de la venganza. Rara vez los hombres son prudentes, mucho más con enemigos que se ven obligados a sobre vigilar constantemente. Rara vez los hombres son humanos y tolerantes y mucho más con enemigos que no dieron ejemplos de humanidad ni de tolerancia cuando tuvieron el poder en sus manos.

El gobierno y su partido darán la prueba más grande de moderación, de tolerancia, de humanidad y de prudencia con respecto a la oposición retrógrada, si se contentan con sospechar y sobre vigilar y no se extienden a insultar, a perseguir, a calumniar; pero la oposición por exceso no se contentará con esto hallándose en la misma línea militar que el gobierno, y peleando ostensiblemente bajo las banderas de la libertad, insultarán, ensañarán y perseguirán a los retrógrados hasta donde alcancen sus fuerzas, y dos motivos muy poderosos los moverán a ello: el fanatismo de opinión y la ambición del poder.

El fanatismo de la opinión, porque siempre son fanáticos los profesan doctrinas exageradas, creen que aquellas doctrinas se han creado para ellos exclusivamente, creen que ellos son la ley, que ellos solos tienen el derecho y la autoridad de defenderla, creen, en fin, que tendrán más fuerza mientras más abatidos vean a los de contraria opinión; y no cuentan con la fuerza que suele dar a los vencidos la desesperación.

Aspiran, al exterminio de sus adversarios y parece que ignoran los efectos morales y políticos del martirio. Quieren que la nueva ley no ofrezca garantías a los que no son sus amigos y en esta parte raciocinan como los déspotas, al mismo tiempo que se proclaman los liberales por excelencia.

Las dos oposiciones son un escándalo y una calamidad para las naciones. Son un escándalo porque una y otra oposición manifiestan bien a las claras la perversidad de sus intenciones o por lo menos, el delirio de sus mentes. Los retrógrados quieren poder sin libertad; los exagerados, libertad sin poder, y ambos estados, además de ser imposibles en las naciones cultas y civilizadas, son resultados del triunfo efímero de una facción; y no constituyen la situación constante y permanente de la sociedad; son una calamidad porque ¿qué puede resultar del choque de dos partidos fanáticos exclusivos, intolerantes y sanguinarios sino muerte y ruina?

El gobierno colocado en medio de ellos, comprimido sucesivamente y en sentido contrario por uno y otro, reducido a la fuerza de la ley, joven aún y poco robusta, ¿cómo podrá defenderla y defenderse contra pasiones encarnizadas? ¿Recurrirá a las transacciones con los partidos? Pero todo partido cuando transige es para dar la ley, es decir, para que el ministerio se reduzca a ser instrumento de su ambición y de sus pretensiones. ¿Peleará con ambos a la par? ¿Y cómo puede un gobierno ilustrado resolverse a sostener dos guerras civiles sobre una misma línea? ¿Y qué gobierno hay que tenga las fuerzas físicas y morales que son necesarias para sostener ambas lides? Es fácil comprimir las facciones: los partidos no se vencen, sino se convencen.

En medio de estos dos partidos de oposición turbulentos y furibundos, existe la gran masa nacional, como un escollo eminente e innoble, contra el cual vienen a estrellarse las olas encontradas que quieren dominarlo. Esta masa sosegada, y, por decirlo así, inerte, ve las agitaciones, los furores, las injusticias de los partidos; estudia en silencio los hombres, las instituciones y los acontecimientos.

Aprende a valuar los hombres y sus pretensiones, las leyes y sus resultados, los sucesos y sus causas, y como su voto ha de ser el que decida en última instancia, se toma tiempo para darle con conocimiento de causa. Esta indecisión, que es un mal durante la lucha, es un verdadero bien si se atiende a que el momento de la convulsión no es más a propósito para tomar una resolución prudente. Desgraciada de la nación que se decide con ligereza. Es verdad que ninguna se decide sino cuando la atacan en lo más vivo de su existencia. Se ha culpado mucho a los franceses por haberse determinado sin reflexión en los principios de su libertad. Sea justa o no la acusación de ligereza, que siempre se les ha hecho, lo cierto es que la imprudencia y criminal maniobra del partido retrógrado, cuando precipitó sobre la Francia toda la Europa, convirtió la cuestión de la libertad, en una lid de vida o muerte, y cuando se llega a este caso, ningún pueblo duda. Sea cual fuere la diferencia de carácter nacional, de situación política y de fuerza, los franceses de la revolución, los españoles de 1808 y los griegos de nuestros días, han tomado la misma determinación dado y el mismo grito: vencer o morir.

El objeto del ministerio debe ser reducirla a una sola, ambiciosa si se quiere, como son y deben ser todas las oposiciones, pero que no conspire ni para hacer retrogradar el sistema, ni para extraviarlo en los senderos de una libertad desconocida. El signo más cierto de haberse consolidado el sistema constitucional es la unidad de oposición; para lograr este fin, propondremos una sola máxima; pero que es fecunda de todos los principios saludables que han de dirigir al gobierno en la grande empresa de llevar al puerto la nave del Estado. Esta máxima es atender y cumplir la voluntad de la masa culta de la nación. No es difícil de acertar esta voluntad, cada día se está manifestando de mil maneras.

A estas operaciones debe acompañar siempre el amor de la concordia. No se crea que ésta es imposible en una nación. A pesar de la divergencia de opiniones y de los intereses, todos son hijos de una misma patria, y la voz de un gobierno justo y prudente, que hable en nombre de ella, no será nunca despreciada.

Después de siglos de gobiernos absolutos, opresores de los pueblos, los hombres pensaron en gobiernos constitucionales, protectores de sus derechos. La primera época debía producir la segunda. Era cosa muy natural. El dolor hace siempre pensar en el remedio.

La tierra ofrecía en otro tiempo el espectáculo triste de naciones enteras sometidas a la voluntad de un solo individuo o a los caprichos de sus validos (*).

(*) Hombre que, por tener la confianza de un alto personaje, ejercía el poder de este.

Los reyes donaban, legaban y vendían pueblos así como los ricos venden, arriendan o regalan cabras, ovejas y caballos. Millones de hombres eran propiedad de un solo hombre.

El hombre no es propiedad del hombre. Todos son individuos de una especie: en todos hay derechos que el movimiento del tiempo no puede hacer que sean proscritos. Si se han unido en sociedad, no es para ser unos esclavos de otros. Es para su pro comunal. Las selvas serían preferibles a las poblaciones si en aquellas hubiera libertad y en éstas esclavitud.

Debe haber Poderes directores de la sociedad, ¿quién puede dudarlo? Pero esos poderes no deben ser absolutos, ni estar acumulados en un solo individuo. A excepción de la acumulación de virtudes y conocimientos, todas las demás son peligrosas cuando dan influencias excesivamente grandes. La acumulación de riquezas inmensas en una mano es temible, la de muchas autoridades en un funcionario lo es igualmente. Los Poderes deben estar sabiamente distribuidos y sabiamente limitados. Este es el objeto noble de una Constitución, esta es la necesidad primera de un Estado. El despotismo sube al trono y oprime con su masa de hierro cuando un solo hombre puede todo lo que es capaz de querer. La discordia divide a la sociedad cuando la ley no ha sabido fijar los linderos de cada Poder.

Estos principios, concentrados al principio en los gabinetes de los sabios cultores infatigables de las ciencias políticas, se fueron transmitiendo después de unas a otras clases de la sociedad. Comenzó el ejemplo en unos países, la imitación en otros, y el deseo en los demás.

Al momento que un pueblo, proclamándose independiente o libre, muda la forma de gobierno que lo regía, sus hijos se dividen en dos partidos o secciones contrarias: la de aquéllos que temen perder todo el ser que les había dado el gobierno antiguo; y la de aquéllos que quieren adquirir todo el que esperan del nuevo. Entre estos dos partidos hay acciones y reacciones recíprocas. El deseo que se supone en el primero de restablecer el régimen anterior exalta al segundo y le hace trabajar por la subversión de todo lo antiguo y creación de todo lo nuevo. La exaltación del segundo alarma al primero, aumenta sus temores y aviva el conato de retroceder a lo antiguo.

En esta divergencia de opiniones y sentimientos, origen primero de los partidos que dividen a las naciones y de las guerras intestinas que la debilitan o destruyen, el Poder Ejecutivo ha obrado como parecía prudente. Velando la marcha subterránea de los que puedan querer régimen antiguo, y observando los pasos de los que deseen la precipitación del nuevo, ha dicho a los primeros: "La Independencia es justa y las instituciones que la sostienen son necesarias. La nación no retrocederá de la independencia absoluta que ha proclamado con tanta justicia; y el Gobierno, inflexible en su propósito, sabrá sostenerla con constancia".

Ha manifestado a los segundos: "la razón cesa de serlo al momento que se exalta con las pasiones. Los intereses mismos de la causa que defendemos exigen que la hagamos amable por nuestra moderación. En las naciones, así como en la naturaleza, nada debe hacerse repentinamente. Se prepara primero la tierra, se siembra la semilla, se espera su desarrollo gradual, se aguarda la sazón del fruto; y se cosecha al fin cuando está maduro".

Manifestar que las reformas no deben ser repentinas o precipitadas sino graduales y preparadas con juicio, evidenciar toda la importancia de la prudencia que no decreta leyes, ni dicta medidas sin detenerse a meditar antes de acordarlas todos los bienes y males que es capaz de producir, todos los sentimientos que puede engendrar, todos los deseos que puede inspirar, todos los resultados que puede haber.

Dando esta dirección a la opinión, publicando independencia por una parte y moderación por otra, el Gobierno ha procurado mantener el orden interior, que es la condición necesaria para gozar todo bien social.

Son superiores a todo cálculo los que promete la independencia, es inmensa la voluntad de asegurar su goce, que existe en el Gobierno. Pero de ninguno podrá disfrutarse si no hay orden interior, si no hay paz, sosiego y tranquilidad.

Un gobierno que hace sufrir y exige silencio profundo en medio del sufrimiento, que oprime con una mano y embaraza con otra las reacciones consiguientes a la opresión, que predica paz y sosiego a pueblos que con sus providencias tiende a poner en movimiento, es un gobierno despótico que ama la tranquilidad para que sea más libre la acción de la tiranía. Pero no tendrá jamás aquel carácter el gobierno que desea orden para consolidar sin tropiezos la independencia y plantear sin obstáculos el sistema, el gobierno que exige juicio y prudencia para que tenga opinión nuestra causa y sea reconocida por todas las naciones del mundo, el gobierno que quiere paz y sosiego para que el movimiento tumultuoso de las revoluciones no impida o atrase la marcha tranquila de las leyes, el gobierno que no ama la tranquilidad de los cadáveres que yacen en los sepulcros sino la de hombres alegres y contentos por los goces de sus derechos y las dulzuras de su existencia.

Los intereses de nuestra causa son los que exigen la conservación del orden. Obra contra ellos quien lo altera, desacredita nuestras instituciones quien lo turba, pone a los pueblos en la necesidad de desear cualquiera dominación que les dé paz y sosiego, quien los hace sufrir los males de la anarquía o los horrores de la revolución.

La unidad de tiempo es en los grandes planes la que multiplica la fuerza y asegura el suceso, la que hace que dos tengan más poder que un millón. Cien mil fuerzas obrando en períodos distintos sólo obran como una. Diez fuerzas obrando simultáneamente obran como diez.

Habiendo dos poderes, ceñido el uno a los actos que sean legislativos y limitado el otro a los gubernativos, se evitan los males que resultan de acumularlos en una persona o cuerpo que, pudiendo todo lo que quiere, debe temerse que quiera aun lo que no puede; y habiendo armonía entre ellos se asegura la energía que hay siempre en la unidad y se gozan los bienes que son consiguientes.

Diverso uno de otro el mundo físico y el político, en el primero, todos los seres tienden a un mismo punto por la fuerza que los arrastra a un centro común; en el segundo dirigidos a puntos opuestos cada uno trabaja en hacerse centro de los demás, cada asociación, cada pueblo, cada clase, cada individuo, tiene intereses distintos, cada interés inspira diversas ideas; y a la variedad de ideas es proporcionada la de opiniones y sistemas.

Toda acumulación excesiva es peligrosa. Toda distribución justa es útil.

La aglomeración en un individuo de autoridades oprime a los pueblos; la de fuerzas oprime al débil; la de riquezas oprime al pobre; y aun la de luces, estancadas en una clase o persona, puede ser origen de abusos.

Que una ley sabia divida las autoridades, equilibre las fuerzas, distribuya las riquezas y difunda los conocimientos. Entonces no serán los pueblos víctimas de una administración arbitraria; entonces no será el máximum sacrificado por el mínimum. Serán las naciones verdadera compañía de ciudadanos unidos para partir los bienes y los males, para cooperar a felicidad común y gozar en proporción de su mérito.

En todas las naciones del mundo las formas despóticas que hacen esclavos ignorantes han durado más siglos que las instituciones que hacen liberales que forman hombres ilustrados y libres. En todos los países de la tierra la superstición que embrutece y sacrifica la especie humana es víctima del mínimum; y la ignorancia de los pueblos es la solución de ese admirable problema.

Los hombres ignorantes son instrumentos de sus mismas desventuras. De ellos se sirve la tiranía para destruir la forma de gobierno que los protege, y establecer otra que los oprima. De ellos se los vale el fanatismo para proscribir a los sabios que los instruyen.

La opinión es el tribunal grande de los poderes supremos, y la opinión no puede formar sus juicios si no se le presentan los datos necesarios.

Cuando el movimiento del tiempo ha ido consolidando las instituciones de una nación, la antigüedad misma del gobierno impone respeto, la opinión está ya uniformada, y no hay o son muy pocos los malcontentos.

Pero cuando acaba de hacerse una revolución, cuando acaba de abolirse un gobierno y establecerse otro, entonces es preciso que haya en el Estado dos secciones; la de aquéllos que tenían interés en el antiguo y la de aquellos que lo tienen en el nuevo.

Hablo en general. No ofendo a nadie en particular. El espíritu de sátira no es mi género. A toda acción sigue la reacción cuando no hay leyes previsoras que la impidan, ni gobiernos ilustrados que sepan evitarla. Si hubo una acción para abolir el gobierno antiguo, debe temerse que haya una reacción para restablecerlo.

Pero antes de plantear el sistema general de educación, importaría pensar desde luego en una de sus más principales partes. La Constitución que ha organizado la forma de nuestro Gobierno, ha creado tres poderes, y los agentes de ellos deben ser legisladores, gobernantes y jueces o magistrados. Yo deseo pues, que se establezcan tres escuelas o aulas para enseñar al menos los principios de la ciencia de legislar, en la primera; de la ciencia de gobernar, en la segunda; de la ciencia de juzgar, en la a tercera. Si debemos tener legisladores, gobernantes y magistrados, es preciso que haya establecimientos donde se enseñe a serlo; y de otra parte, los pueblos serían víctimas de malas leyes, de malos Gobiernos, y malas sentencias.

Este es el punto grande de las sociedades políticas: lo más decisivo de sus destinos: lo más influyente en su futuro, próspero o adverso. Yo deseo: 1o.-Que en todos los pueblos del mundo se establezca la forma de gobierno más útil, respectivamente, según la totalidad de circunstancias, para hacer que los individuos del Estado tengan la que mayor suma posible de aptitud intelectual y moral; 2o.-Que se deroguen las leyes contrarias y se decreten las favorables a aquel fin; 3o.-Que se plantee el sistema de educación más benéfico para el mismo objeto.

Un sistema de gobierno que acumula en un individuo todos los poderes, somete a la voluntad de uno solo los destinos de millares. Ese individuo puede ser injusto, porque es fácil que quiera aun lo que no puede el hombre que puede todo cuanto quiere. La autoridad, expansible siempre por su misma naturaleza, se va dilatando progresivamente.

El despotismo se presenta al fin sin velos ni máscaras, y para conservarse en el trono hace lo que le inspiran sus intereses. Sabe que un pueblo ilustrado y rico reúne los poderes de la ilustración y riqueza, y armado con ellos hace respetar sus derechos. Obstruye en consecuencia las fuentes de donde fluyen las luces y riquezas; mantiene al pueblo en la ignorancia y miseria: y eleva sobre su abyección y abatimiento a los que pueden ser apoyo de su tiranía. Mirad el Estado de Roma desde que Augusto usurpó todos los poderes, el de las otras naciones de Europa en los siglos funestos del

feudalismo, el de Turquía, el de Rusia y las monarquías absolutas, ¿El cuadro de ellas no ha sido desgraciadamente el de una masa bruta de hombres pobres, ignorantes y miserables, sacrificada al poder, riqueza y orgullo de un número de señores, tiranos subalternos de vasallos o esclavos?

Si todos los poderes se depositan en individuos de una sola clase, se reproduce el mismo fenómeno con caracteres más odiosos. La que tiene la autoridad quiere extender la que ejerce para perpetuarse en el trono, está iniciada en los secretos del despotismo, y posesora de ellos, conoce que un hombre no es dominador injusto, sino quitándole las fuerzas físicas y morales, debilitándole y anonadándole. Todo es nulidad en tal posición. Un orden sólo reúne todas las existencias sociales que ha quitado a las demás clases; y ese orden muere como los individuos. Es un cuerpo siempre existente, es un Nerón siempre vivo.

La nación, que es la universalidad de individuos que la componen, la nación donde reside originalmente la soberanía, parece llamada al ejercicio de los poderes que la constituyen. Todos serían en tal hipótesis legisladores, gobernadores y jueces, la educación se acercaría al grado posible de identidad; y la filosofía no vería oprimidos en una parte y opresores en otra. Pero es imposible la ejecución de un sistema tan brillante en la teoría y tan impracticable en la realidad. Una sociedad de hombres dilatados por una área de 10, 15 o 20 mil leguas cuadradas, no podrían reunirse con la frecuencia que exigen las funciones de la soberanía, sin movimientos dilatados, penosos y costosos.

El pueblo más civilizado no sube jamás al grado de ilustración necesaria para saber dictar leyes y gobernar Estados. No ha habido en la extensión de lo pasado, ni habrá en la inmensidad de lo futuro naciones de sabios; y es preciso serlo para ser legislador.

Puede el pueblo recibir las luces de un senado que tenga el derecho de presentar proyectos de ley; puede oír la voz de oradores inspirados por la elocuencia para defender unos la afirmativa y sostener otros la contraria. Pero no podrá elevarse a la altura precisa para juzgar desde ella el proyecto del senado, el pro de unos oradores y el contra de otros; no podrá reunir toda la masa de conocimiento indispensable para descubrir en el laberinto de los intereses y en el caos de las intrigas, cuál es voz de la razón, cuáles son los acentos de la verdad, dónde está el verdadero bien de la patria. Será juguete del partido más astuto y simulado, creerá voz del patriotismo lo que es vocinglería de las pasiones....

Dividiendo los poderes se evita la acumulación de autoridad, productora casi siempre del despotismo que proscribe las ciencias y a los que las cultivan, y mantiene a los hijos de la nación ignorantes, pobres y débiles.

Todos los poderes tienen influencia muy activa en la educación intelectual y moral. Los representantes de los pueblos, los reyes o jefes, los magistrados y jueces, son los institutores primeros de las naciones. Ellos les dan lecciones más trascendentales que las de un ayo o maestro, con su vida pública y privada, con sus leyes, reglamentos y sentencias-

Los gobiernos constitucionales producen del modo posible, a más de otros, cuatro bienes muy grandes: impiden el despotismo, dan al pueblo el poder de la ilustración y moralidad, dan a los hombres de letras el de la autoridad, forman el espíritu público, garantía la más sólida de los derechos del hombre y los fueros de las naciones.

Uníos en sociedad de amigos del sistema constitucional para conservarlo en los Estados donde existe y plantearlo donde lo repugna el poder absoluto. Organizadas sobre un plan combinado sabiamente para facilitar su correspondencia y armonía y aumentar sus fuerzas multiplicando sus relaciones. Acumulad todas sus luces, hablad todos los idiomas, usad todos los estilos, aprovechad todas las influencias, haced, en fin, volar la razón por toda la tierra, para que no haya en todas las extensión de ella más que gobiernos constitucionales.

Vuestros trabajos han sido hasta hoy victoriosos. Las regiones oscuras del poder absoluto se van disminuyendo, y las de los gobiernos constitucionales dilatando cada día más. No hace muchos siglos que el imperio del despotismo se extendía a todo el globo. La América entera es ahora constitucional, la Europa lo es también en su territorio, la Grecia combate por su libertad y Grecia, que en siglos remotos tuvo el honor de ilustrar al mundo entonces conocido, y de cooperar en el XV al renacimiento de las letras, tendrá tal vez en el XIX la gloria de propagarlas por el África y el Asia. Donde hay comprensión debe haber reacción. Es ley de la naturaleza positiva como la de los cuerpos elásticos. Si ha habido en el mundo días de despotismo, tristes como los del invierno, debe haber días de libertad constitucional, alegres como los de primavera.

Recórranse uno a uno los diversos países de la tierra, y se ofrecerá a los ojos un cálculo siempre triste. Las Repúblicas donde se ha reconocido la soberanía del pueblo, y fiado su ejercicio a él mismo, o a autoridades electas por él, han sido en lo general, comparadas con otros gobiernos, como las luces o fuegos que se apagan poco tiempo después, o casi al instante mismo en que brillan.

Las monarquías constitucionales, donde los poderes están positivamente divididos, y se ejercen por autoridades en realidad independientes, son días tranquilos por la serenidad de la atmósfera; pero raros y de poca duración en el curso de tiempo. Las monarquías absolutas, donde el rey concentra en sus manos todos los poderes, son por el contrario tenebrosas y largas como las noches de los países inmediatos a los polos.

Leed todas las historias, estudiad todos los pueblos. Los Gobiernos que necesitan de la fuerza para sostenerse, los que no pueden existir sin ejércitos permanentes o renovados sin interrupción, los que mandan países donde hay más instrumentos de muerte que de que vida, más fusiles que arados, son Gobiernos precarios, efímeros y de corta duración.

La base indestructible de un Gobierno sólido es el mayor bien posible del mayor número posible. Si no han durado los Gobiernos de Europa, si se han sucedido unos a otros levantándose los segundos sobre las ruinas de los primeros es porque se ha olvidado aquel principio, es porque las legislaciones tienen el sello de la clase que las ha dictado, es porque en todas se advierte que no han sido formadas por el pueblo o sus representantes, es porque tienden a la elevación y riqueza del mínimo y a la depresión y miseria del máximo.

Comparemos unos con otros los instrumentos de la Agricultura que alimenta y de la guerra que destruye.

Arado, azadón, azadilla, hacha, piqueta, trillo, agramadera, espadilla: esto es lo que se ha inventado para labrar la tierra y dar riquezas a los hombres.

Fusiles, escopetas, carabinas, arcabuces, esmeriles, trabucos, pistolas, espadas, sables, cutos, cuchillos, puñales, machetes, espadines, lanzas, flechas, cañones de batir, cañones de campaña, cañones de crujía, morteros, bombas, balas, granadas, mazas, pilos, arietes, etcétera, esta es la nomenclatura horrorosa que ha sido necesario inventar para sostener a los Gobiernos que quieren sacrificar el mayor número al bien del mínimo.

Sed justos, como lo espero, Diputados de la América septentrional, porque sólo siéndolo se puede consolidar el orden y perpetuar la paz, buscad el mayor bien posible del mayor número posible porque buscándolo puede crearse una fuerza grande interesada en mantener el sólo reposo. Meditad los derechos de los pueblos; y fija la vista en ellos, señalando su extensión y demarcando sus límites, prevenid los males más destructores: el despotismo que mata tranquilamente en paz sepulcral, y la anarquía que devora tumultuariamente en el estrépito de las revoluciones.

Los pueblos no son en el siglo XIX lo que eran en el XII. La marcha de las luces científicas sigue leyes tan constantes como el movimiento de los rayos solares. Es preciso que los unos caminen en línea recta o lleguen al objeto según las leyes de reflexión o refracción. Es necesario que las otras marchen también en línea derecha, o descubriendo curvas según los obstáculos que encuentren.

El combate del espíritu de igualdad con el de distinción o privilegio, la lucha del espíritu de libertad con el de dominación, o poder han sido generales en las naciones del mundo. Toda transición de un sistema a otro produce necesariamente dos partidos: el de aquellos que tenían interés en el antiguo, y el de aquellos que tienen esperanzas del nuevo.

Decir que un sistema liberal muda las ideas de los que no eran adictos a la nueva forma de gobierno; y que de lo contrario sería fenómeno verdadero en política es hablar la lengua de la ironía, y olvidar las lecciones de la historia. Precisamente por ser liberal un sistema debe haber individuos de cierta clase que lo repugnen.

Por ser liberal el gobierno de Atenas había atenienses que querían hacer esclava a su patria sujetándola al rey de Macedonia, por ser liberales las pretensiones del pueblo romano las repugnaban los patricios de Roma, por ser liberal el sistema de Génova había grandes que trabajaban para que su patria fuese sometida a potencias extrañas.

Importa abrazar relaciones vastas, ejercitarse en combinaciones grandes, y dar extensión al espíritu. No conoce bien al país donde vive el que no dilata la vista por todos los que pueden tener relación él.

No se puede perder de vista a Bonaparte (dijo un escritor a fines de 1825) siempre que se trate de examinar el Estado del mundo, porque él fue el hombre que produjeron las cosas, y su carrera, su caída, su prisión, su muerte, han creado otras cosas que, unidas a las que no pudo superar, forman al presente una aglomeración de circunstancias tan encontradas que casi es imposible la marcha pacífica de todos los negocios de la Europa y de la América.

No hay una base sobre que apoyar la política, y los ministros se fatigan en vano por encontrarla. Rápidos acontecimientos los atolondran, y a pesar del laberinto de sus ideas, sofocadas con sucesos que ni aún habían previsto, quieren aparentar un semblante sereno como si nada sucediera.

CIENCIA

El trabajo que más interesa en las ciencias: el de desnudarlas del aparato misterioso con que se han presentado, el de hacerlas populares, el de achicarlas y ponerlas al alcance de todos.

Si se unen los hombres para ocuparse en conversaciones insípidas o para verse unos a otros fumar y bostezar, únanse ustedes para cultivar las ciencias comenzando por donde debe principiarse. Todo origen es pequeño.

Todas las ciencias son útiles, todas influyen en el bien Social; las que se arrastran por la superficie del suelo, y las que se elevan a la Región de los Planetas.

Por los más pequeños experimentos de la Química se ha adelantado el Arte benéfico de los tintes que han dado valor a las fábricas. Un fósil despreciable aceleró los progresos de la Metalurgia, injustamente despreciada por los que no conocen el interés que tenemos en la ciencia de los metales.

La disección o anatomía de un reptil preparó descubrimientos útiles para el Arte de la salud. La medida de sílabas es uno de los elementos de la Armonía; y la Armonía, suavizando el carácter feroz del hombre, hace que no sea carnívoro, o que sea más humano con sus semejantes. El Ergo mismo: el escolasticismo, objeto de risa en estos tiempos, era escala para subir al método feliz del Análisis.

Solo un espíritu pequeño, incapaz de abrazar grandes relaciones, no percibe las del hermoso todo que forman las ciencias, influyendo unas en otras para sus progresos, y contribuyendo todas a la felicidad general. Solo la ignorancia puede desdeñar unas y alzar otras.

El hombre siente la acción de los seres que obran en él; y sus sensaciones son de dos clases, agradables y molestas. Quiere aumentar el número de las primeras y disminuir el de las segundas; busca en la Naturaleza los seres que pueden llevar este deseo, acumula ideas y observaciones, medita los métodos que pueden hacerlo servir a su objeto, y esta suma ordenada, este sistema metódico de conocimientos es lo que se llama Ciencia.

Era desagradable la impresión de los sures o nortes destemplados, de los rayos ardientes del sol. El hombre sintió la necesidad de evitarla; buscó árboles hojosos que le cubriesen con su sombra; fabricó cabañas al principio, quiso después ahorrarse el trabajo de hacerlas cada año, pensó en edificios sólidos, reunió pensamientos y creó la Arquitectura.

Eran destructores los males que hacía el Poder arbitrario. Sintieron la necesidad de precaverles los hombres que los sumían, meditaron formas distintas de Gobierno, unieron las observaciones de la experiencia, los raciocinios de la necesidad; y formaron la Ciencia de la legislación.

Todas las obras del hombre nacen de un principio. Todo lo que piensa, todo lo que ejecuta se deriva del instinto maravilloso con que procura la conservación plácida de su ser.

La Política, la Poesía, la Geometría, la Hidráulica, la Agricultura, tienen un mismo origen, sirven a un mismo ser, tienden a un mismo fin: aumentar el número de sensaciones agradables; disminuir el de las molestas.

Las ciencias son relativas a las necesidades que las han creado; las necesidades son relativas a la organización física del hombre; los hombres son relativos al punto que ocupan en la Tierra; y la Tierra es relativa al lugar que tiene en el universo. Todo es enlace, todo es vínculo.

Varían las necesidades del hombre. Dale nuevos sentidos o perfecciona los que tiene. Que no sienta ya los estímulos del hambre, ni sea atraído por el sexo que adora. No habrá Amor, ni existirán las ciencias que han nacido de esta dulce necesidad: no habrá Agricultura, ni conoceremos las Artes que ha producido el cultivo. La Armonía de Haydn dejará de serlo. Los encantos de la Música serán sensaciones desagradables.

No es demostrada la población de los otros planetas. Razones de analogía la afirman; razones de la misma especie la niegan. Pero supóngase cierta. En esta hipótesis las ciencias de los que vivan en Saturno frío serán distintas de cultivadas en Mercurio encendido. Un ser abrasado por el fuego debe tener necesidades diversas de las de otro nevado por el frío; y las ciencias, hijas de las necesidades, obra de las sensaciones, producto del hombre, deben tener el mismo sello de diversidad.

Mira la tierra que habitamos. Su estructura indica lo que deben ser los hombres: lo que deben ser las Ciencias.

Este hermoso planeta gira en derredor del sol formando una gran elipse. Sus polos se aproximan menos y su ecuador se acerca más al astro del fuego, su superficie es alzada en unos puntos, tendida en otros, hundidas en los demás; su masa es formada de tierras vegetales en unos lugares, tierras arcillosas en otros, montañas ricas en un país, desiertos de arena en otro.

Esta organización de la Tierra manifiesta que debe ser dividida en zonas frías y cálidas, elevadas y bajas, estériles y fecundas, húmedas y secas. En cada zona debe haber familias diversas de vegetales, especies distintas de animales, clases diferentes de tierras, variedades diversas de hombres, necesidades distintas en cada variedad, y Ciencias diferentes producidas por las necesidades.

Es preciso que haya en cada región una Agricultura, una Zoología, una Ornitología, una Gramática, una Jurisprudencia particular porque cada región tiene sus vegetales, sus cuadrúpedos, sus aves, su idioma sus leyes especiales.

Los hombres observaron los minerales, plantas y animales del país donde vivían, inventaron nombres para expresarlos; y dictaron leyes para regirse. Talentos superiores recogieron las ideas, raciocinios y experiencias de cada hombre, les dieron orden; y formaron las Ciencias propias de cada país. Genios más sublimes entraron en comparaciones más grandes, cotejaron las Ciencias de un país con las Ciencias de otro país, observaron los puntos de contacto, generalizaron ideas, descubrieron principios Ciencias particulares. universales, y formaron la Teoría General de las Ciencias particulares.

Así es cómo se han ido creando las Ciencias, así es cómo han nacido y se han desarrollado. No conocieron la obra grande de su creación los que han supuesto la existencia de un pueblo inventor y perfeccionador de ellas; no conocen la genealogía de las ideas que forman el sistema de nuestros conocimientos los que les den un solo padre.

La Teoría universal de las Ciencias no puede formarse sin la cooperación sucesiva de los primeros que hacen observaciones particulares, de los segundos que forman el sistema científico de cada nación, y de los terceros que trabajan la Teoría que se dilata a todos estos sistemas.

Puede un pueblo reunir las Ciencias creadas en diversos pueblos, puede adelantarlas añadiendo verdades grandes. La historia de Atenas lo atesta, París es ejemplo vivo; y Londres aumenta las pruebas. Pero creer que un solo pueblo ha podido ser inventor y creador de todas las Ciencias y artes es olvidar la generación de ellas, desconocer la marcha del hombre y dar a un pueblo el honor que corresponde a muchos.

Las ciencias tienen simultáneamente el sello de la de la unidad en un sentido, y el de la diversidad en otro. Es preciso que sea así. Los hombres son unos en todos los países, mirados en un aspecto; y diversos en todos, considerados en otro. Las necesidades tienen el mismo carácter; y en todos los climas hay la de repeler lo que produce sensaciones molestas y buscar lo que puede darles agradables; del polo al ecuador se van mudando los seres que pueden causar unas y otras, variar las sensaciones, y modificar las ideas.

Las Ciencias son progresivas como las necesidades que las hacen nacer. Observad la marcha de las unas, y conoceréis la de las otras.

El hombre camina siempre movido por la necesidad, impelido por el deseo de una existencia más alegre. En lo económico busca primero lo necesario, se extiende después a lo de comodidad, y se dilata últimamente a lo de lujo.

En lo político establece primero un Gobierno sencillo, después otro más combinado, y últimamente otro de mayor complicación. En lo literario forma primero las Ciencias de necesidad, después las de provecho y últimamente las de placer.

Siguiendo la misma progresión las Ciencias parecen inmensas. Se dilatan por todos los campos a que se extienden las necesidades, avanzan con ellas; y se pierden en lo infinito porque son infinitos los deseos del hombre.

A Buffón sucedió Cuvier, después de Cuvier nacerán otros sabios y más allá de Newton la imaginación divisa otros Newtones.

Enorgullecido con las luces de los precedentes cada siglo se promete el honor de llegar a la meta y cantar desde allí himnos de victoria. Trabaja lleno de esperanzas, cree tocar en el término; y entonces es cuando descubre nuevos espacios, nuevas extensiones al lado de otras extensiones.

No hay linderos en los campos de las Ciencias. No tienen término los deseos que las dilatan. Todos buscan sensaciones plácidas, todos repelen las molestas. El instinto de la conservación, el amor mismo del Ser es el que inclina a las unas y aparta de las otras.

Si un Gobierno justo da a todos igual protección, el equilibrio hará felices a todos. La tendencia de unos a gozar con perjuicio de otros será resistida por los que no permitan su propio daño. Esta lucha pondrá término a las necesidades gravosas para los demás; y multiplicadas solamente las que no lo sean, las Ciencias obra de ellas avanzarán espacios inmensos y harán el bien que prometen sus progresos. Pero si un Gobierno injusto tiende a la felicidad de unos y olvida la de otros, el deseo de gozar multiplicará al exceso las necesidades de cada especie; no bastará a llenarlas el trabajo de un hombre. Comenzará entonces la tiranía, comenzará la destrucción Se acabará la sociedad; y las Ciencias se acabarán con ella, emigrarán a países donde haya hombres que puedan cultivarlas, y leyes que sepan proteger a los hombres.

A estas líneas es reducida la historia de todas las Ciencias, la de sus progresos y decadencia, la de sus emigraciones y marcha por la India y la Grecia, por Italia y los demás países del antiguo continente.

Las revoluciones de los Gobiernos las producen siempre en las Ciencias. No es preciso hacer inquisiciones penosas para calcular su estado en una nación. Basta ver la ley que rige y saber quiénes mandan.

Estos datos son suficientes para resolver el problema.

Debe haber establecimientos científicos. Es preciso que los haya. Son los focos donde juntándose los rayos de luz salen después unidos a ilustrar a todas las clases. Pero si se interceptan estos rayos, si se levantan muros de separación y un pueblo no puede comunicar a otro pueblo sus pensamientos y observaciones, serán en caso tan triste necesarias las consecuencias. No habrá establecimientos científicos, o será nula la utilidad de los que existan, no habrá punto de unión, o no podrán esparcirse los conocimientos que reúnan.

Es necesario multiplicar las relaciones de sociedad, es necesario facilitar la comunicación de los pueblos para que haya ilustración y progresen las ciencias.

Fijémonos en esta grande verdad, origen de otras que también lo son; analicémosla con exactitud, investiguemos las causas que embarazan las relaciones sociales. Su conocimiento descubrirá las que entorpecen la marcha de las ciencias, manifestará el enlace de la ilustración y la riqueza, señalará los puntos que deben ocuparnos y las medidas a que la atención debe volverse con preferencia.

Las ciencias no se adquieren en un día, ni el compás se aprende a manejar en un minuto. Todos empezamos errando, todos damos traspié en una carrera difícil.

Eran hombres de luces Ustaris, Arriquivar, Antillon; y sin embargo de serlo Arriquivar corrigió algunas equivocaciones de Ustaris; Antillón rectificó los errores de Arriquivar; y otro talento feliz dará más perfección a los Estados y cartas de Antillón.

Ya es tiempo de aproximar las ciencias exactas a las económicas, ya es llegada la época de dilatar el imperio de las unas con las luces de las otras.

La ciencia de los hechos debe preceder a toda teoría científica o política. En vano se forman sistemas, en vano se trazan planes si no anteceden los conocimientos que deben servir de base. Los primeros son imaginarios y los segundos inexactos cuando no se han reunido, estudiado y coordinado los hechos en que deben fundarse.

Obsérvese la marcha de las ciencias en el movimiento de los tiempos. Desaparece la Física que admiraba al siglo antecedente; y comienza a brillar otra en el que sigue. Cae la política de una edad, y sobre sus escombros se levanta otra que también será arruinada. Se siguen unas a otras las ciencias, se suceden unos a otros los sistemas porque se organizan aquellos o se forman éstos sin haber acumulado antes todos los hechos que debían dar las luces necesarias o rectificar las ideas precisas.

Queremos levantar planes de riqueza o formar teorías de prosperidad. Estudiaremos nuestras caras provincias, observaremos su posición y figura, sus tierras y producciones, su población y recursos.

A estos conocimientos del sistema físico seguirán los del sistema económico. El pensamiento tendrá entonces bases más sólidas: la verdad será más convincente; el triunfo de ella más claro y perceptible.

Las ciencias naturales son origen de bienes que no es posible calcular. Cualquiera que sea el aspecto en que se les mire, consideradas como partes del sistema literario o científico, vistas en sus relaciones con el económico, o examinadas en las que tienen con el político, su influencia es benéfica, su imperio grande, y sus efectos trascendentales.

1°. Los astros que iluminan al mundo son parte de un todo inmenso. Es uno del sistema que forman. Los movimientos del más distante influyen en los demás, las luces se comunican a todos; y las sombras de unos producen eclipses en otros.

Las ciencias que ilustran a los hombres son partes de un todo hermoso. Es uno el sistema que constituyen de conocimientos humanos. Los progresos de las que parecen más aisladas influyen en las demás, las luces reflejan en todas; y las tinieblas de las unas obscurecen a las otras.

Cuando el escolasticismo hizo progresos en una ciencia, su movimiento se comunicó a las demás. Todas se volvieron escolásticas; y el imperio de la escuela donde fue creada, se vio extendido a las otras escuelas.

Comenzaron las matemáticas a llamar la atención, se empezó a cultivar su estudio, y el espíritu de exactitud comenzó también a penetrar en las demás ciencias. Se hicieron aplicaciones felices de las exactas a las físicas y económicas, y hasta en las morales empezó a advertirse el genio de la precisión.

Las bellezas de la naturaleza crearon admiradores, empezó a cultivarse el estudio de las ciencias naturales, se formaron clases, órdenes, géneros y especies para abrazar la inmensidad de seres que componen los tres reinos; el espíritu de clasificación que es el de orden, siempre luminoso, se comunicó a las demás ciencias; el médico trabajó tablas de las clases y órdenes de enfermedades, como el botánico había trabajado las de vegetales; y el jurista clasificó los delitos y pactos como el mineralogista había clasificado los fósiles.

"No es en los libros de derecho, dice Bentham, donde he encontrado medios de invención o modelos de método, es en las obras de metafísica, de física, de historia natural, y de medicina. Leyendo algunos tratados modernos de esta ciencia llamaba mi atención la clasificación de las enfermedades y los remedios. ¿No podrá trasladarse a la legislación el mismo orden?... Lo que he encontrado en los Tribonianos, los Coccios, los Blackstons, los Vattel, los Potier, los Domat es poca cosa. Hume, Helvecio, Linneo, Bergman, Cuvier han sido más útiles para mí".

Cultivando las ciencias naturales, observando el arte maravilloso con que han sabido descubrir las semejanzas y diferencias de los seres, dividirlos por ellas en clases, órdenes y especies, crear para todas un idioma claro y preciso, abrazar de este modo la creación entera, y transmitir su conocimiento a las generaciones futuras; estudiando este arte divino y observando su marcha detenida y sagaz, se aprende el método más fácil para dar orden a los pensamientos y abrazar grandes relaciones.

La filosofía de Linneo es útil por los conocimientos que da en la parte más bella de la historia natural; pero su utilidad más grande consiste en el modelo que presenta para crear una ciencia, y formar el idioma de ella.

Si el Análisis es el instrumento grande del arte de pensar, las ciencias naturales son las que enseñan el método, y cuando las morales, las legislativas, etcétera, formen tablas de virtudes y vicios, de delitos y penas etcétera, tan claras y metódicas como las de plantas y fósiles, entonces los trabajos serán menos penosos: las ciencias abrazarán espacios más grandes, y el amigo de ellas verá en un cuadro pequeño el sistema entero de los conocimientos humanos.

Dilatemos la vista por los pueblos que hermosean la tierra, numeremos si es posible, los bienes que gozan. No hay uno que no deban y sea proporcional a los conocimientos que hayan adquirido.

Si trabajan la tierra con menor pena y sudor, si dan a las plantas más agrestes cierta especie de civilización, si saben cultivar el trigo y trabajar el fierro, si han aprendido a dirigir y emplear en su servicio las fuerzas o potencias de la naturaleza, si tienen máquinas que movidas por una mano hacen en igual suma de tiempo lo que no harían veinte, si conocen sus derechos y no permiten que sean hollados, si han sabido constituirse y crear lo que se llama Espíritu público, si respetan la libertad en los demás pueblos para que sea la suya respetada en el mismo grado, si estiman en todo su valor el precio de la virtud, y saben que la moralidad consiste en respetar en nuestros semejantes nuestros propios derechos, las ciencias son las que les han hecho todos estos presentes; a las ciencias los deben; y si hay diferencia entre una Nación culta de ciudadanos ilustrados y una horda grosera de salvajes estúpidos, las ciencias son las que la han establecido.

Las naturales hacen el mayor bien dando a las demás métodos de perfección enriqueciendo el idioma, y multiplicando los objetos de comparación. Pero esta influencia, grande en sus resultados, es indirecta en su cooperación. Hay otra más próxima, o inmediata en la riqueza de los pueblos; y de ella también pueden gloriarse las ciencias naturales.

2°. Se han fatigado los economistas para dar una definición exacta de la riqueza. Lauderdale da este nombre a todo lo útil y agradable que el hombre desea poseer. Malthus lo limita a los objetos materiales necesarios, útiles o agradables a la especie humana. Say lo extiende a todo cuanto tiene valor.

Elíjase la definición que se quiera. Sea lo necesario, lo útil, lo agradable o lo que tiene valor. No hay riqueza que no sea derivada de alguno de los tres reinos, no hay industria que no tenga por base los fragmentos de algún mineral, vegetal o animal. Descubrir fósiles, plantas y animales: estudiarlos y darlos a conocer por caracteres positivos y constantes es aumentar la riqueza de un pueblo, mejorar su suerte, extender sus relaciones, y darle representación en el mundo.

Un pueblo que no conoce más que las bellotas o manzanas que comían sus primeros salvajes es pueblo pobre, dependiente en los artículos más necesarios de las naciones que los producen. Pero un pueblo que a cada estación adquiere conocimientos de los vegetales de su suelo es pueblo que va aumentando su riqueza, disminuyendo su dependencia, y elevando su poder.

Si no sabe hacer descripciones exactas, sus conocimientos serán limitados a las primeras generaciones: las siguientes sólo recibirán aquellos que les transmita una tradición vaga que se obscurece con el tiempo; y alterándose sucesivamente no llegarán a la posteridad más que errores o equivocaciones.

Si sabe por el contrario describir sus plantas por caracteres positivos y constantes, el conocimiento de ellas, exacto en las primeras generaciones, lo será también en las últimas la riqueza se perpetuará y la posteridad más remota disfrutará los mismos bienes que hayan gozado las primeras familias.

Los observadores antiguos recorrieron como los modernos diversos países; estudiaron las plantas que los hermoseaban; describieron aquellas que hacían la riqueza de los pueblos. Pero no conocieron los métodos que invento después el genio; no supieron clasificar los seres de la naturaleza por caracteres inequívocos; y sus viajes, sus observaciones, sus descripciones son por aquella ignorancia casi inútiles para nosotros.

Si los idiomas perpetúan los conocimientos comunicando a los hijos los que tienen los padres, la botánica, mineralogía y zoología, que son la lengua de las ciencias naturales, perpetúan la riqueza transmitiendo a las segundas generaciones la que han descubierto las primeras.

Un mineralogista, un botánico, un zoologista, que renunciando los placeres de las ciencias sedentarias abandonan su patria y familia por observar los individuos de los tres reinos en los bosques más espesos, en las montañas más escarpadas, son bienhechores de los pueblos, amigos del hombre; y dignos por serlo de su gratitud y respetos.

Por ellos el comercio dilata sus relaciones multiplicando sus artículos, por ellos las artes extienden su imperio aumentando las materias primeras, por ellos la especie humana es aliviada en sus dolores y socorrida en sus necesidades.

A los naturalistas puede decirse con justicia: El conquistador destruye; y vosotros conserváis el mundo. La Flora de una Nación, las tablas de sus fósiles, el cuadro de sus animales son el índice o inventario de sus grandes propiedades. Los géneros y especies de minerales, las clases y órdenes de formas vegetales y animales son géneros y especies, clases y órdenes de riqueza. Generalizando el gusto de las ciencias naturales, inspirándolo a las clases primeras, las tres especies de industria avanzarían espacios muy grandes. Los curas y sus tenientes, dividiendo el tiempo entre su ministerio y el estudio de la naturaleza, derramarían en su parroquia conocimientos útiles, y harían por el ascendiente de su destino que los aprovechasen sus feligreses.

Los propietarios, en vez de consumir sus rentas en ciudades populosas, sepulcro de la moralidad, se retirarían a las tierras de que son dueños para cultivar en medio de la naturaleza las ciencias que la tienen por objeto, harían pruebas o experimentos que ellos solos son capaces de ejecutar, mejorarían los cultivos y darían luces provechosas al labrador.

Los comerciantes llevando a un país las especies de otro aumentarían las riquezas de su patria, reunirían en ellas las de climas diversos; y no sería el interés individual el objeto único de su carrera. Los fabricantes, multiplicadas las materias primas, harían ensayos importantes, substituirían a las acostumbradas otras de mayor provecho, perfeccionarían los métodos; y la Nación enriquecida por tantas manos tendría poder y sabría sostener sus derechos.

3º. Las naciones que no conocen sus plantas, fósiles, ni animales no tienen productos que llevar al comercio, no pueden presentarse al mercado a donde concurren las demás, viven aisladas sin relaciones con los otros pueblos, no reciben las luces que les daría la comunicación con ellos, y no existen en el mundo político, son ignorantes y pobres, la ignorancia y pobreza las expone a ser propiedad de los primeros ocupantes; los señores que llegan a poseerlas las dominan con despotismo para mantenerlas sometidas; y el despotismo las hace más infelices perpetuando los elementos que lo sostienen.

En otras ciencias escapan a los que las cultivan opiniones que influyen en el atraso de la civilización, opiniones que deprimen los derechos del hombre, preparan los pueblos a sufrir los caprichos de un tirano. En las naturales todo es inocencia y provecho. No hay sistemas que ofendan los fueros de las naciones, o no hay opiniones que hieran la libertad de los pueblos. Se suceden unos a otros los métodos, se varían las nomenclaturas en la progresión de las luces. Cada una deja alguna verdad provechosa, algún pensamiento útil: y ninguna produce daño a la Nación.

Se hacen por el contrario un bien inestimable, poco conocido hasta ahora, y digno de ser apreciado. Difundiéndose el gusto de las ciencias naturales por las clases que influyen o dan dirección a los pueblos, la atención se vuelve a objetos inocentes que jamás hacen mal y siempre producen bien, la meditación no se fija en productos peligrosos para quien los concibe y funestos para los pueblos donde se ejecutan; la Nación no se mantiene en deliberación continua, ni corre los riesgos a que precipita esta aptitud.

Ese aire de inocencia que tienen las ciencias naturales se comunica a los que las estudian. La fisonomía del naturalista donde está pintada la paz dulce y tranquila es muy diversa de la del proyectista donde se ve la agitación y desorden.

El botánico observa los cereales que alimentan al hombre mientras otros meditan acaso planes de subversión, el mineralogista busca fósiles de nueva utilidad al mismo tiempo que otros maquinan tal vez combinaciones de mu muerte. La moralidad hace progresos con el estudio de la naturaleza; y la moralidad es la base más sólida de la felicidad de los pueblos, y el sublime a que debe elevarse la política.

En estos aspectos son provechosas las ciencias naturales. En lo literario, en lo económico y en lo político producen bienes de diversa especie; o extendiéndolos a quienes las cultivan le comunican luces y le dan placeres que en el entusiasmo que inspiran le hacen decir: "Solo, con la naturaleza y Linneo, soy el hombre feliz".

Una Academia de amigos de las ciencias y artes sería muy importante en la República. Ciento treinta años hace que se establecieron las primeras sociedades sabias y en este tiempo no se ha hecho un descubrimiento que no esté en sus registros o cuyo autor no haya sido individuo suyo. La Academia debe dividirse en seis secciones, ocupada la primera en las ciencia físicas y naturales; la segunda en las ciencias exactas; la tercera en las ciencias económicas, políticas y morales; la cuarta en las bellas letras; la quinta en las artes y la sexta en la instrucción elemental.

En siglos oscuros, cuando eran posesores exclusivos de los empleos los individuos de las clases altas que desdeñaban las ciencias y no tomaban el trabajo de cultivarlas, sucedió lo que era natural sucediese. El interés de unos, la adulación de otros, la ignorancia de los demás, hizo creer que no había principios ciertos, ni reglas fijas para gobernar; y esta opinión propagada sin examen, tiene ecos que los repitan del mismo modo.

En la naturaleza hay variedad casi infinita de fenómenos que se suceden unos a otros, todos son, sin embargo, efecto preciso de leyes invariables y el conocimiento coordinado de estas leyes forma la ciencia.

En las sociedades políticas hay diversidad menos numerosa de fenómenos o acaecimientos, todos son obra necesaria de leyes igualmente constantes, y el conocimiento de ellas, elevado a sistema o cuerpo organizado de doctrina, forma la ciencia.

"No posees la de gobernar", dijo un escritor, "si crees que en ella no hay principios ni reglas fijas".

Estudiemos la materia bruta que es lo más sencillo de la naturaleza, subamos después a la materia vegetal que presenta fenómenos más difíciles, trepemos sucesivamente a la materia animal que aparece más complicada en todas sus funciones, ascendamos al hombre, que es el ser más grande de la tierra.

La naturaleza es un sistema sabiamente concatenado de seres; y las ciencias deben ser también un sistema, organizado con sabiduría, de conocimientos relativos a las partes y leyes de la naturaleza.

Es maravilloso ese todo inmenso que se llama Naturaleza. Es más prodigioso este otro todo infinito que se llama Ciencia.

Todo es luz refleja en el sistema científico. Si se corta la comunicación de unas ciencias con otras, si se aíslan o separan por líneas impenetrables, no habría reflexión de luces ni claridad en los espacios a que se extiende cada una de ellas. Todo será obscuridad y tinieblas.

Los sabios observan toda la naturaleza sin arredrarles su inmensidad: estudian todas las creaciones, buscan todas sus leyes, recogen todas las observaciones, forman al fin las ciencias y las artes; y cada ciencia, cada arte, es productora de artículos de riqueza.

Recorriendo las secciones en que se dividen los seres físicos, estudiando primero los minerales, subiendo después a los vegetales y trepando últimamente a los animales, los sabios abrazan sus caracteres más inequívocos, dan a conocer sus propiedades más eminentes, indican sus destinos más provechosos, y abren las puertas de las tres creaciones.

Y el estadista conoce que la balanza de las naciones es como he dicho otra vez, equilibrada o inclinada por un fósil, por una planta, por el capullo de un insecto, por la cera de una flor, por la piel o lana de un animal descubierto, observado y clasificado por un sabio. Estudiando las leyes del movimiento, de los fluidos, de la luz, del sonido, etcétera, forman las ciencias que se llaman exactas, después de haber formado las que se denominan naturales.

Crean un mundo que se cree de abstracciones, y es en realidad el mismo mundo de que somos partes. Con números y líneas, haciendo figuras que parecen entretenimiento de ociosos, contando, midiendo y pesando, hacen verdaderos prodigios, honor del genio, provecho de los Estados.

Ellos han llenado el mundo de instrumentos que multiplican los ojos, las manos y los poderes del hombre, han logrado que el trabajo de millones de individuos sea ejecutado por máquinas inanimadas que no exigen salarios por sus trabajos.

Ellos han triunfado de la naturaleza, haciendo que las aguas condenadas por ella a bajar, sean superiores a sus leyes y suban a regar las siembras del labrador. Ellos han creado tres épocas, que serán gloria inmortal de su especie. Enseñaron primero a servirse del hombre para la producción de la riqueza, hicieron después que emplease animales menos costosos que el hombre; sustituyeron últimamente seres inanimados, menos gravosos que los animales.

La ciencia de los Gobiernos, que con una orden pueden abrir o cerrar las fuentes de los Estados, su prosperidad más brillante, su decadencia y ruina, son fenómenos producidos por causas tan invariables o constantes como el ascenso de unos cuerpos y el descenso de otros. Reuniendo hechos individuales, el físico llegó a conocer las leyes de la gravitación; y recogiendo observaciones particulares, el estadista aspira a descubrir las leyes de las sociedades.

Posesor de ellas un gobierno instruido en el arte de aplicarlas, siguiendo el desarrollo natural del hombre, dando a los pueblos niños las leyes que convienen a su tierna edad, dictando a las naciones adultas las que exige su madurez, la marcha de los Estados sería natural como la de las plantas regadas en un jardín. Florecerían y darían frutos en sus períodos respectivos. No habría violencia, ni coacción. El movimiento sería espontáneo; y la prosperidad, resultado feliz de un sistema inspirado por los sabios.

Cada siglo, por ellos, ha ido mejorando o multiplicando las ciencias y las artes: cada ciencia y arte ha ido aumentado las riquezas y comodidades. El siglo XV presentó el arte de la imprenta, el XVI el Nuevo Mundo, la cochinilla, el añil y el tabaco; el XVII el telescopio, el barómetro y el termómetro; el XVIII una filosofía nueva; el XIX, la independencia de la América y las experiencias grandes. Los que le sigan serán superiores; y marchando sucesivamente, yo no sé hasta dónde llegarán los adelantamientos de las ciencias, los progresos de la riqueza, la mejora de los pueblos y las perfecciones de la especie.

Las ciencias y las artes son las que ponen la naturaleza entera a los pies del hombre, las que le dan el cetro del mar y la tierra. No puede haber riqueza, poder ni prosperidad, sin ilustración. Las tierras donde no hay luces, son bosques de lacandones o mosquitos desnudos, pobres y miserables, lagos de aguas estancadas sin movimiento ni corriente, pantanos cenagosos, poblados de reptiles dañinos o inútiles. Los países iluminados son por el contrario praderas y trigales hermosos y dilatados, lugares ricos de talleres y manufacturas, plazas concurridas de tráfico y comercio. El África es un continente obscuro como el color de sus habitantes; y la Europa es el ornamento más bello del mundo civilizado.

La nomenclatura, división y clasificación de las ciencias que forman el sistema vasto y hermoso de los conocimientos humanos es todavía defectuoso después de corridos tantos siglos. Se dice: Aerología, Hidrología, y olvidando la analogía, no se dice (en el artículo publicado) Geología, Iconología, Esferología, etcétera. Se da nombre al conocimiento de las aguas que fertilizan la tierra, y al del aire que la circunda; y no se da al de los vegetales que la embellecen, o minerales que la enriquecen. Se da el de Aerología al conocimiento del aire; y no se da el de Phitología al de los vegetales, y Mineralogía al de los minerales, etcétera.

Yo tiendo la vista por las ciencias que forman el árbol hermoso de los conocimientos, y en todas partes veo a las matemáticas presentándoles sus métodos de raciocinio, análisis, sus cálculos, fórmulas, sus cifras y sus máquinas.

La agricultura progresa en las labores de la tierra a proporción que avanza en las observaciones del cielo. Es uno el Todo inmenso que se llama universo. Todos los seres que lo forman están concatenados, todos se atraen, todos gravitan unos sobre otros. El movimiento de los planetas y sus satélites, lo produce en la atmósfera y el océano; y el de los aires y las aguas influye siempre en el cultivo. Si el curso de los primeros está sujeto a leyes invariables, el de los segundos debe estarlo igualmente. Y si puede predecirse el uno, podrá también pronosticarse el otro.

A los fenómenos del cielo siguen fenómenos proporcionales en la tierra. Hay verdadera correspondencia entre los primeros y los segundos.

Los genios no se forman en los bancos de los colegios, ni en las aulas de las universidades ¿En las de Cambridge aprendió Newton el análisis de la luz, el descubrimiento de la atracción, y el cálculo de las fuerzas y movimientos de los mundos? ¿En las de París descubrió La Place el sistema del universo?

En los colegios y universidades se reciben lecciones de lo que se llama sabiduría a la época en que se dan. Los genios someten a examen todo eso que se denomina ciencias. Borran unas, crean otras, perfeccionan las demás.

Los genios reciben su educación de la Naturaleza que los ha formado, de Universo que influye en ellos.

HOMBRE

El hombre, ese entecillo que, puesto en pie, en las aptitudes de más fuerza, no ocupa una vara cuadrada de tierra, es el dominador universal.

Quemad todos los libros, destruid todas las imprentas, cerrad todos los institutos y academias, formad planes para sofocar las ciencias, trabajad para proyectos.

La mano más poderosa no tiene imperio sobre el pensamiento, y mientras haya en el Globo un solo hombre que piense, las ideas de este hombre se irán dilatando por toda la tierra. Para que no existan las ciencias es necesario que no haya hombres. Habiéndolos ha de haber quien piense, y existiendo algún pensador, sus pensamientos han de correr por la superficie de la tierra como las aguas del Támesis o el Sena, del Tajo o el Marañón.

El hombre no es propiedad del hombre. Todos son individuos de una especie, en todos hay derechos que el movimiento del tiempo no puede hacer que sean prescritos. Si se han unido en sociedad, no es para ser unos esclavos de otros.

Un infante es un ser extremadamente infeliz. Nada sabe hacer. Depende en todo de su madre o nodriza.

Un hombre que no ha aprendido nada es un infante. En todo está sujeto a los demás que saben más que él.

Recorre toda su edad, desde que nace hasta que muere. No hay período en que no sea desventurado. No hay posición en que no sufra. Sus diversiones, sus entretenimientos, son los del animal juguetón o que brinca, corre, lucha, trepa o salta. Aquellos que exigen talento suponen algunos principios que no son para él ni puede gozarlos.

Su sociedad se reduce a los presentes. Sólo con aquellos que están a su vista puede entrar en relaciones. Ausente de sus camaradas, distante de sus padres, lejos del objeto de sus amores, desea comunicarles sus sentimientos, expresarles sus afectos, enviarles su alma entera. Pero no sabe escribir, y llora su ignorancia o revela sus deseos y se somete a la voluntad que pueda servirle.

En la escala de los seres el hombre es el primero. En la escala de los hombres, el Sabio es el más grande.

El Sabio es el que más se aproxima a la Divinidad, el que da honor a la especie, y luces a la tierra.

El nacimiento de otros hombres es suceso ordinario que no influye en las sociedades. El nacimiento de un Sabio es época en la historia del género humano.

Es inmenso su trabajo, diarias sus vigilias, sin interrupción sus tareas. Vedlo cogitabundo y abstracto, investigando y observando, revolviendo en la profundidad de la mente alguna teoría útil, o algún pensamiento provechoso.

Pide observaciones a todos los individuos y clases, las hace él mismo en uno y otro continente, da vueltas a todo el globo para hacerlas, vela para sorprender a la naturaleza, en los momentos en que se deja ver, la fuerza en otros a descubrir sus secretos, examina todos sus seres, recoge todos sus fenómenos.

Lleno de hechos, ricos en observaciones, el Sabio se retira a la soledad, porque en la soledad es donde el hombre tiene toda la energía y libertad de su ser, en la soledad es donde el alma sin pesos que la compriman se dilata en toda su responsabilidad, en la soledad es donde se produce lo grande, lo perfecto y lo sublime.

Allí medita el Sabio, allí desenvuelve sucesivamente todos los siglos, ve en el que procede el germen del que sigue, examina lo presente, y se lanza a lo futuro, allí observa la marcha de las sociedades, calcula su movimiento y pronostica su término, allí abraza la naturaleza entera, y humilde primero en la acumulación de detalles, es sublime después en la teoría general del universo.

Suele errar en las teorías que más admiran, suele equivocarse en los pensamientos que más asombran. Esta es su pena que más lo hace escocerse, estos son sus tormentos más vivos.

Trabaja día y noche para no errar, se sacrifica a la meditación, al cálculo y a la observación; consume en las ciencias la vida entera de su ser, desea otras vidas para dedicarlas a las ciencias. ¿Será culpable por haber errado el que trabaja más para no errar?

El hombre que comete crimen contra sus semejantes es furioso, porque sólo en el furor puede un hombre volverse contra sus semejantes. Pero este mismo furor exige que se le contenga para que no se arroje contra nosotros. ¿Al perro que rabia se le deja en libertad? ¿Y en el perro rabioso habrá más malicia que en el hombre furioso?

Cada país presenta ejemplos, cada siglo lecciones. Pero los hombres no las reciben. Son insensibles a las desventuras de su especie, no investigan su origen, ni estudian sus causas.

Que los hombres dignos de escribir hagan a la patria el servicio que debe hacer un sabio; presentar sus pensamientos y observaciones, indicar el mal que puede hacer una providencia mal combinada, o designar el bien que pueden producir otras medidas.

En el hombre hay necesidades, en la naturaleza hay seres que pueden satisfacer estas necesidades y hay valor en todo lo que tiene esta potencia o facultad de satisfacerlas.

Tiene valor el comediante que satisface la necesidad que tengo de divertirme, lo tiene el albañil que repara la casa en que vivo, lo tiene el labrador que cultiva las plantas que me alimentan.

Comencemos al fin el trabajo. Si no hay principio jamás habrá término. Para no errar, o para errar poco, es necesario comenzar errando mucho. Errores y verdades, desatinos torpes y descubrimientos felices, esta es la marcha del hombre. Si queremos que nuestros caros hijos tengan la gloria de los segundos, resolvamos nosotros a sufrir el oprobio de los primeros.

¿No son los padres los que trabajan para que gocen sus descendientes?

El hombre desea alimentos, desea goces y placeres, desea una existencia plácida y alegre, y estos deseos, derivados de su misma organización física, se llaman Necesidades.

Tienen valor los seres que pueden satisfacer las necesidades del hombre, y son riquezas los seres que tienen valor. Es sensible, pero es cierto. Los hombres son injustos e ignorantes, o ignorantes e injustos simultáneamente.

Han conservado la memoria de los que conquistaron a Guatemala, a México, etcétera; han escrito en diversos idiomas la historia de todos ellos, han repetido en las que han escrito los nombres de Pedro Alvarado, Hernán Cortés, etcétera, y no saben cómo se llama el primero que trajo a Guatemala las primeras espigas, ignoran cuál es el nombre del primero que sembró en México el primer grano de trigo. La poesía ha cantado, la prensa ha hecho el elogio de los que conquistaron, y ningún arte ha celebrado el nombre de los que sembraron.

Primero el que ilustra, segundo el que siembra, tercero el que fabrica; cuarto el que transporta, quinto el que defiende a la sociedad de que es individuo, sexto el que concilia y excusa pleitos. Si hubiera escala entre individuos de una misma compañía, ésta sería la de mis afectos.

Se ha creído que el hombre, no pudiendo conocer jamás sino una parte de los objetos que le permite percibir la naturaleza de su inteligencia, debe llegar últimamente a un término en que el número y complicación de los que conozca consumiendo todas sus fuerzas, sea realmente imposible todo nuevo progreso.

Pero como el hombre, a medida que se multiplican los hechos, aprende a clasificarlos y generalizarlos, como los instrumentos y métodos que sirven para observarlos y medirlos con exactitud, adquieren al mismo tiempo una precisión nueva, como a proporción que se descubren relaciones más multiplicadas de número, más grande de objetos, se llega a elevarlos a relaciones más extensas, reducirlos a expresiones más sencillas, y presentarlos bajo formas que abrazan número más grande de ellos; como a medida que el espíritu se eleva a combinaciones más complicadas, fórmulas más simples las hacen más fáciles; las verdades que han costado más esfuerzos y sólo han entendido hombres capaces de meditaciones profundas, son al momento desarrolladas y probadas por métodos que están al alcance de una inteligencia común.

El mismo espacio de tierra podrá alimentar más personas, y cada una de ellas, trabajando con menor pena, será sin embargo, ocupado de un modo más productivo, y podrá satisfacer mejor sus necesidades.

Es igualmente imposible decidir a favor o en contra la realidad futura de un suceso que no podría realizarse sino a la época en que la especie humana hubiese adquirido luces de que apenas podremos formar idea.

¿Quién osará adivinar lo que puede ser algún día el arte de convertir los elementos en sustancias útiles para nuestro uso?,

¿Cuál es el hábito vicioso, el crimen o el uso contrario a la buena fe que no tenga su origen o causa primera en la legislación, en las instituciones, en las preocupaciones del país donde se observa ese uso o se comete ese crimen?

El bienestar que sigue a los progresos de las artes útiles apoyándose en una teoría sana o los de una legislación justa que se funda en las verdades de las ciencias políticas, ¿no dispone a la humanidad a la beneficencia, a la justicia?

Todas estas observaciones, ¿no prueban que la bondad moral del hombre es, como todas las demás facultades, susceptible de una perfección indefinida y que la naturaleza liga con cadena indisoluble estas tres cosas: verdad, felicidad y virtud?

Podríamos inferir de todo que la perfectibilidad del hombre es indefinida, aun suponiendo en él la misma organización, las mismas facultades naturales.

¿Cuál sería la tensión de las esperanzas si se pudiera creer que esas facultades naturales, esa organización puede también mejorarse? La perfectibilidad o degeneración orgánica de las razas en los vegetales y animales, puede mirarse como una de las leyes generales de la naturaleza.

Esta ley se extiende a la especie humana y todos saben que los progresos en la medicina como prevención de enfermedades, el uso de alimentos y habitaciones más sanas, un modo de vivir que desarrolle las fuerzas con el ejercicio sin destruirlas por el exceso, la destrucción de las dos causas más activas de degradación, la pobreza extrema y la grande riqueza, deben prolongar la duración de la vida común, asegurar una salud más constante, una constitución más robusta.

Los progresos de la medicina para preservar, siendo más activas por los de la razón y del orden social, harán desaparecer por fin las enfermedades transmisibles o contagiosas, y aquellas enfermedades generales que deben su origen al clima, a los alimentos y a la naturaleza de los trabajos.

No sería difícil probar que esta esperanza debe extenderse a casi todas las enfermedades, cuyas causas remotas es probable que aprendamos a conocer. Sería absurdo suponer que esta perfección de la especie humana, debe ser susceptible de progresos indefinidos, que debe llegar un tiempo en que la muerte no sea más que efecto de accidentes extraordinarios o de la destrucción cada vez más lenta de las fuerzas vitales; y que últimamente la duración del intervalo medio entre el nacimiento de la destrucción no tenga término asignable.

El hombre no será inmortal, pero la distancia entre el momento en que comienza a vivir, y la época común en que naturalmente, sin enfermedades ni accidentes, sienta la dificultad de ser, ¿no podrá aumentarse sin cesar?

Debemos creer que esta duración media de la vida humana, debe aumentarse de continuo si no se oponen las revoluciones físicas. Pero ignoramos cuál es el término que no puede pasar jamás, ignoramos si lo han determinado las leyes generales de la naturaleza.

Las facultades físicas, la fuerza, la destreza, la finura de los sentidos, son de aquellas cualidades cuya perfección puede transmitirse.

Al menos la observación de las razas de animales domésticos, inclina a creerlo y sería útil que lo confirmásemos con observaciones directas y hechas sobre la especie humana.

No hay bien alguno físico o moral que no sea efecto del desarrollo bien dirigido de las potencias del hombre. La agilidad o destreza es resultado del ejercicio repetido de la facultad de moverse.

La ilustración es obra de la de pensar y comunicar libremente el pensamiento. La riqueza es producto de la de trabajar y disponer con libertad del producto del trabajo. La moralidad es el hábito feliz de las virtudes, formado la de sentir, pensar, y conocer sus verdaderos intereses.

El hombre, comprimido por los pesos del fanatismo, de opiniones erróneas, de leyes injustas y gobiernos despóticos, no ha podido hasta ahora, después de tantos siglos, desarrollar plenamente sus facultades o potencias.

Los períodos de libertad han sido un mínimum casi imperceptible en la extensión del tiempo, y los de esclavitud un máximum que abraza los más grandes espacios. Si a pesar de esto, el hombre oprimido la mayor parte del tiempo, ha sabido crear las artes y ciencias y hacer progresos, que asombran a quien se detiene a contemplarlos, ¿cuáles haría dejándole en libertad justa para desenvolver sus facultades, sin estorbos ni embarazos? ¿Quién osaría señalar en caso tan alegre la meta última hasta donde podría llegar marchando libremente en su carrera?

El uso de sus derechos; el ejercicio de sus facultades, no es delito. Sería contradicción muy absurda crear al hombre con derechos y hacerle cargo por el uso de ellos. Delito es la acción con que un hombre embaraza los derechos de otro hombre. Lo comete el gobierno que prohíbe al labrador vender sus frutos en la plaza de más consumo, o al hombre de letras publicar libremente sus pensamientos.

No lo perpetra el cosechero, que exporta sus granos a los mercados de más valor, ni el escritor ilustra a los pueblos dando a luz sus ideas.

Cada uno de los derechos y facultades del hombre es una fuente de prosperidad individual y nacional. En la de pensar y comunicar los pensamientos, está el origen de las artes y ciencias; en la de trabajar y disponer de los productos del trabajo, existe el de las riquezas y prosperidad.

¿Se ha pensado jamás impedir la facultad de germinar que tienen las semillas, o la de desarrollar las que hay en la tierra, o la de hermosear las producciones de la naturaleza y facilitar los trabajos del hombre que existen en las máquinas?

Quitad al hombre el uso libre de sus facultades o ponedle trabas o limitaciones injustas; y los pueblos y las naciones compuestas de ellos, serán ignorantes, pobres y desventurados. Restituidle el goce de sus derechos, permitidle que ejerza libremente sus potencias, y todo será riqueza, ilustración y felicidad.

El hombre, sublime en un aspecto por el alma que lo anima, podría en otro considerarse como una máquina capaz de elaborar ciencias, artes y riquezas. ¿Será justo impedir los movimientos u obstruir los resortes de la máquina?

Todavía no se sabe lo que el hombre es capaz de hacer. legisladores, el experimento. Permitid, que desarrolle todas sus capacidades y desenvuelva todas sus energías.

Los hombres y las naciones, compuestas de hombres, son como los demás seres de la naturaleza. Arrastrados por la fuerza del movimiento se van poniendo en aptitudes distintas, y colocándose en estados absolutamente diversos. Desde el pueblo que sufre al sultán de Turquía, hasta el pueblo que condenó a Luis XVI, hay una escala que apenas puede seguir el pensamiento, y esta escala sin embargo, es la debe que observarse si no hay voluntad de trastornar el orden y violentar la naturaleza.

Deseamos que los hombres de todas clases tengan rango más elevado que el de lectores pasivos. Queremos que sean pensadores activos, queremos que se aumente la masa de luces.

Si los hombres de probidad y luces no pueden publicar las que les ha que dado el estudio de toda su vida y la experiencia de muchos años, ¿a qué abismo serían llevados los pueblos que no han proclamado su independencia para ser infelices sino suma más grande de felicidad?

¿Puede haber filantropía más sublime que la de identificar a todos los hombres haciendo que en mi semejante vea a otro yo?

Todos los hombres son criaturas del autor benéfico del universo, dice la Razón en uno de los momentos en que se ha manifestado más grande.

Todos los individuos de la especie humana son hijos de un solo hombre, dice la Religión en el más antiguo de sus libros.

Todos los hombres son iguales ante la ley, dicen las constituciones de todos los pueblos ilustrados.

Los hombres pueden formar pactos privados, sociedades políticas. Nadie puede negarles ese derecho. ¿Quién podría privarles de él siendo todos iguales?

Si dos individuos forman un pacto, la existencia de él no depende de uno solo de ellos sino de la voluntad acorde de los dos que lo formaron. Si millares de hombres forman una sociedad política, la existencia de ella no depende de la opinión o voluntad de uno o muchos sino de la voluntad de todos o de la mayoría.

Han corrido millares de siglos. Ya es viejo el mundo. ¡Y todavía hemos de ser niños!

Los hombres marchan siempre de un extremo a otro extremo y no se fijan jamás en el medio de la prudencia sino después de experimentos dolorosos y sacrificios sangrientos.

Todos los hombres son individuos de una especie. Ninguno debe hacer daño a otro. Esta es la voz del Creador del hombre, el cálculo del género humano, el grito de la conciencia, la legislación de los gobiernos justos.

MEMORIA SOBRE LA EDUCACIÓN

MEMORIA SOBRE LA EDUCACION

Las ciencias son el origen primero de todo bien. No hay en las sociedades políticas un solo que no mane de ellas. Lo más bello lo más grande lo más sublime es obra suya. Yo las adoraría como divinidades si no existiera la que reclama nuestros cultos

Eran diversos los pensamientos que inspiraba el entusiasmo o hacia hacer la meditación. Habla visto distintos diccionarios filosóficos y literarios, todos de mérito eminente y utilidad acreditada. Pero no había leído uno que presentase ejecutada la idea que desde mucho tiempo había concebido

Deseaban un diccionario que consagrado a las ciencias, ofreciese en la suma de sus articulas un sistema de métodos dirigidos a faltar su adquisición, que desarrollas en el artículo **EDUCACIÓN** el plan de instrucción especial en cada una de ellas

No es posible hacerme ilusión. Vela clara la inferioridad de mis conocimientos para llenar una idea superior a ellos. Pero pensaba sobre lo que era objeto del deseno: iba reuniendo en artículos distintos las que ocurrían sucesivamente: iba haciendo un libro de los artículos que formaba.

Algunos, escritos en posiciones memorables para mí, tienen caracteres que serán indelebles en mi alma. Uno de los artículos, **EDUCACION,** que escribí en México en 1822, cuando don Agustín Iturbide, Emperador entonces de aquella nación, ordenó mi arresto y el de otros diputados, mis dignos compañeros.

Yo he sostenido, decía, los derechos de mi patria, y manifesté que ni el Capitán General, ni la Junta Consultiva, ni los Ayuntamientos tenían autoridad para sacrificar nuestra Independencia, haciendo provincia subalterna la que era nación soberana. Demostré que la agregación de Guatemala a México era obra de la intriga y la violencia; y mi opinión era apoyada en hechos y deducida de principios. Si el pueblo guatemalteco fuera ilustrado en su intereses, yo no habría venido a México ni estaría arrestado en un convento. La ignorancia del pueblo es el origen de la esclavitud que sufro y la prisión que padezco, y juro procurar su ilustración de la manera posible a mis facultades y alcances Este mi propósito más firme: mi voto más solemne. Yo trabajaré para cumplirlo.

Pensé entonces sobre la educación y formé un nuevo artículo para el diccionario. Mi viaje en 1823: las ocupaciones del Gobierno de 1824 y en principios de 1825, no habían permitido concluir el diccionario; y la falta de libertad de imprenta en los años siguientes de revolución horrorosa había embarazado la publicación del artículo.

No la hago todavía de la obra entera porque sería costosa su edición en un país donde es cara la imprenta y no son muchos los compradores de libros. La hago solamente del artículo, y son diversas les causas que me han decidido.

La Sociedad de París, que abraza al mundo entero en las concepciones vastas de su filantropía, procurando la lustración de los pueblos para mejorar los destinos del género humano, se sirvió de hacerme el honor de nombrarme socio suyo y remitirme el diploma que recibí en agosto de 1827, cuando seguía, cada vez más horrible, a marcha de la revolución que cesó en abril próximo.

Un título tan honroso, contesté a la Sociedad, es superior para mí a los de la vanidad o del orgullo. Yo lo estimo en todo su valor y ofrezco a la Sociedad mi gratitud y respetos. Son dignas de ellos las Academias que han creado el genio para hacer marchar las ciencias a pasos rápidos, y acercarlas cada día más al objeto sublime de sus inquisiciones.

Pero las ciencias que trabajan en hacer feliz al género humano no pueden existir sino en Estados regidos por Gobiernos justos protectores de los derechos que tiene el hombre para pensar y mejorar su ser: los Gobiernos justos se conservan por el espíritu público de los pueblos que conocen derechos y saben sofocar la tiranía opresora de ellos, y los pueblos no pueden reunir estos conocimientos si no hay establecimientos que cuiden su instrucción elemental. La ilustración es el principio primero de todo bien. Procurar la de los pueblos es abrir la fuente de donde fluyen todas sus venturas: es trabajar por su felicidad y mejorar la suerte de la especie humana. Este es el objeto, tan sublime como extenso de esa importante Sociedad; y unido a ella por el nombramiento que se ha servido hacer en mí, yo me veo asociado a sus grandes miras.

Para empezar a corresponder a ellas, determiné hacer, al momento que hubiese libertad de imprenta, la publicación que hago ahora. Deseaba entonces, y deseo al presente, que si hay algunos pensamientos útiles, comiencen a circular desde luego. Quiero que se piense al fin en la instrucción de este pueblo centroamericano, que seréis más feliz o menos desgraciado, si los cuidados empleados y los gastos impedidos para derramar su sangre, empobrecerlos, oprimirlo y anonadarlo, se hubieran invertido en plantear el sistema más conveniente de su lustración y moralidad.

El despotismo destruye; y la educación conserva y mejora. ¡Qué diversa seria tu suerte, pueblo infeliz, si los días consumidos tristemente en los cuarteles y campos de batalla los hubieras pasado en el cultivo de la tierra, en los trabajos del taller recibiendo lecciones en escuelas dominicales! ¡Qué distintos fueran tus destinos si tantos miles erogados en tantos instrumentos de destrucción horrible, se hubieran gastado en establecimientos de instrucción benéfica!

No hay libro, decía un escritor de la antigüedad, tan mal concebido y redactado que no sea útil en algún aspecto. Si hubiere suscriptores para el diccionario, se comenzará desde luego su impresión. Acaso contiene alguna idea útil; y un solo pensamiento provechoso difundido por todos los pueblos, puede ser como una semilla que da frutos cuando germina felizmente.

Poco antes de plantear el sistema general de educación, importaría pensar desde luego en una de sus más principales partes. La Constitución que ha organizado la forma de nuestro Gobierno, ha creado tres poderes, y los agentes de ellos deben ser legisladores, gobernantas y jueces o magistrados. Yo deseo pues, que se establezcan tres escuelas o aulas para enseñar al menos los principios de la ciencia de legislar, en la primera; de la ciencia de gobernar, en la segunda; de la ciencia de juzgar, en la tercera. Si debemos tener legisladores, gobernantes y magistrados, es preciso que haya establecimientos donde se enseñe a serlo; y de otra suerte, los pueblos serian víctimas de malas leyes: de malos Gobiernos; y malas sentencias.

En siglos oscuros, cuando eran posesores exclusives de los empleos los individuos de las clases atas que desdeñaban las ciencias y no tomaban el trabajo de cultivarlas, sucedió lo que era natural que sucediese. El interés de unos, la adulación de otros, la ignorancia de los demás, hizo creer que no había principios ciertos, ni reglas fijas para gobernar; y esta opinión propagada sin examen, tiene todavía ecos que la repitan del mismo modo.

Un hombre, tan elocuente como profundo, supo combatirla en una obra clásica. Otro abrió un curso importante y dio lecciones para manifestar que en la ciencia de gobernar hay, como en las otras ciencias, principios positivos y reglas constantes.

En la naturaleza hay variedad casi infinita de fenómenos que se suceden unos a otros; todos son, sin embargo, efecto preciso de leyes invariables; y el conocimiento coordinado de estas leyes forma la ciencia.

En las sociedades políticas hay diversidad menos numerosa de fenómenos o acaecimientos: todos son obra necesaria de leyes igualmente constantes; y el conocimiento de ellas, elevado a un sistema o cuerpo organizado de doctrina, forma la ciencia.

No posees la de gobernar, dijo un escritor, si en ella no hay principios ni reglas fijas.

Guatemala, 21 de junio de 1829.

La obra más grande entre todas las obras es la de crear, y la educación es una especie de creación.

Educar es formar un ser que no existía del modo que se ha formado: es darle los conocimientos útiles y hábitos morales que exige su conservación y perfección.

Los conocimientos y hábitos que miran a este gran objeto, forman una escala inmensa que no puede abrazar la mente más vasta. Unos dan aptitud para conservarse y perfeccionarse de un modo: otros la dan para conservarse y perfeccionarse de otro. El salvaje solo la tiene para vegetar: el indio para sembrar y cosechar granos: el comerciante para meditar negociaciones complicadas y extensas; el economista para descubrir el origen de la riqueza y las leyes de su producción, circulación y consumo: el historiador para observar el nacimiento, progreso y decadencia de las naciones y presentar a un siglo la experiencia de todos los siglos: el estadista para conocer los intereses de millones de hombres y dar a todos una dirección que los haga marchar al bien general.

Negar a los hombres todos los conocimientos útiles y descuidar enteramente su educación moral, sería condenarlos a más absoluta ineptitud o incapacidad, dejarlos sin valor alguno, hacer que en la tierra no hubiere más que salvajes, lacandones o comanches y que la especie humana fuese una especie de horda de animales bípedos, esparcidos por las selvas y bosques. Este es el espectáculo que presentaron las naciones antes de su civilización: este es el cuadro que quieren reproducir los tiranos para que no haya seres racionales, sino bestias domesticadas en toda el área donde pasa el yugo de su despotismo.

Dar a todos la suma universal de conocimientos de toda clase, e inspirarles al mismo tiempo todas las virtudes cívicas, es imposible, tan grande como formar una nación de sabios o hacer que sean pueblos de filósofos millones de hombres, ocupados triste y diariamente, unos en el arado, otros en el taller, etcétera.

Platón, a quien se da el título de divino, quería que hubiese unidad en su República. "No debe haber familias —dijo—, ni madres ni padres conocidos: todos debemos ser hijos comunes de la patria". Pero él mismo sintió la imposibilidad de dar a este pensamiento toda su extensión.

"Unos deben quedar —añadió— confundidos en la masa de la nación: otros deben ser militares; y los que se distingan por los indicios de su talento, deben separarse de la multitud, instruirse en las ciencias, elevarse a la sabiduría, y cuando ésta les haya hecho superiores a sus semejantes bajar a la tierra y ser jefes de su patria".

Dividir la enseñanza, comunicando a unos solamente los conocimientos groseros de los oficios mecánicos, dando a otros los más extensos del cálculo y elevando a otros a los más sublimes de las ciencias: dejar a los primeros en la abyección y abatimiento, y levantar los segundos a la altura del honor, es dar a unos más aptitudes que a otros, hacer superiores e inferiores, sofocar la igualdad que debe haber del modo posible para que no haya opresores, destruir el equilibrio necesario para que todos respeten recíprocamente su dignidad y derechos.

La identidad de una misma educación no es posible en individuos de organizaciones diferentes, de profesiones diversas, de oficios y sexos distintos. La diversidad de educaciones produce diversidad de aptitudes; y la variedad de capacidades hacen nacer todos los males que son resultado necesario o consecuencia precisa de ella.

La sociedad que no puede ser un pueblo de Sócrates, ni conviene que sea un bosque de Chaimas, es un teatro de actores formados para representar diferentes papeles. En los tres planes hay males graves, o se ofrecen dificultades grandes.

¿No habrá otro que prevenga aquellos y ocurra a éstas? ¿Los pueblos serán, por ley irrevocable de la naturaleza, condenados a perpetua infelicidad? ¿No habrá otro medio que el de la resignación o paciencia en los males que sufren?

He aquí una cuestión superior a todas en importancia y dificultad animadas por la primera: no arredrados por la segunda, son innumerables los autores que han escrito de educación. No está sin embargo agotada la materia. Puede todavía pensarse sobre ella; y esto es únicamente lo que voy a hacer.

Hombres, semejantes en las superficies exteriores y diferentes en la estructura interna de su organización, se unieron en sociedad y comenzaron a formar lo que se llama estado o nación.

Al principio, cuando sus necesidades eran pocas y sencillas, cada uno podía satisfacerlas por sí solo sin servirse de los brazos de otros. Pero en los siglos posteriores, desarrollándose y multiplicándose sucesivamente, no pudo un individuo sólo abrazar todos los trabajos necesarios para llenarlos. ¿Cómo era posible ser simultáneamente labrador, artesano, arriero, mercader, sacerdote, etcétera?

El hombre sintió la necesidad de dividir el trabajo. Hubo oficios, artes y ciencias: para cada oficio, arte y ciencia fue necesaria una educación particular más o menos dilatada, costosa y desagradable: la diversidad de educaciones produjo diversidad de conocimientos y hábitos morales; y la variedad de aptitud y moralidad hizo nacer la de sus valores.

Hubo ignorantes e ilustrados: pobres y ricos: desvalidos y poderosos: opresores y oprimidos: hubo clases separadas unas de otras por la diferencia de costumbres, capacidad, intereses Y capitales, hubo desigualdad y brotaron las pasiones y vicios que existen siempre cuando unos pueden todo lo que quieren, y otros son impotentes aún para lo que deben querer. Un número grande de individuos ignorantes y pobres forma un parte o sección del Estado: un número menor de sacerdotes, ministros del culto establecido, forma otra: un número más pequeño de ricos, poseedores de las luces necesarias para conocer sus intereses, forma otra: un número mínimo de hombres dedicados al estudio de las ciencias, forma otra. La primera sección tiene el poder del número: la segunda el del sacerdocio; la tercera el de la riqueza: la cuarta el de la ilustración.

El poder del número es el más débil de todos. Una piedra no tiene otro que el de su peso; en un animal sólo existe el de sus músculos; y en un hombre ignorante y pobre tampoco puede hacer más que el de su fuerza física. Tiene necesidades y carece de recursos para satisfacerlas. No ha cultivado sus talentos, ni es capaz de conocer las artes de la astucia que quiere sacrificarle o los resortes de un plan combinado para destruirle. Recibe pasivamente las ideas que le comunican, las creencias que le enseñan; las opiniones que le dictan y los movimientos que le dan el interés de unos y la ambición de otros.

Es esclavo, siervo, jornalero, artesano o dependiente. Y el mismo número que mirado en un aspecto aumenta su poder, multiplicando la fuerza de cada individuo; visto en otro lo debilita, multiplicando los jornaleros, artesanos y dependientes, y haciendo por esta multiplicación que sean bajos los salarios y precios de los artefactos. Todo es en daño de los infelices. Su ignorancia hace su miseria; su número influye en su pobreza, y su pobreza ocasiona su ignorancia.

El poder civil o temporal del sacerdocio, pequeño en su origen, se fue aumentando con los siglos. Los eclesiásticos forman un cuerpo compuesto de miembros que existen en diversos estados y dilatan por todos ellos sus relaciones: se subdividen en diversas sociedades o comunidades, y cada una ofrece distinto punto de contacto con las secciones más interesantes del pueblo: unos dan lecciones a la juventud: otros auxilian a los agonizantes: otros sirven a los enfermos: otros asisten a los convalecientes: otros catequizan a los infieles, etcétera; son confesores de los reyes. príncipes, magistrados, etcétera, y penetran los secretos más íntimos de los palacios y familias: pueden facilitar o dificultar los matrimonios que la enlazan e influyen en sus destinos; tienen el derecho de hablar a los pueblos reunidos en los templos, y darles dirección como párrocos, obispos, etcétera: imprimir las ideas o sentimientos que quieren inspirarles con todo el poder de las ceremonias, símbolos, imágenes, etcétera; son ministros o vicarios de Dios, Señor universal de todo; y la idea del poder del uno se extiende al de los otros. Gregorio VII meditó una monarquía universal, y quiso subordinar la autoridad de los reyes a la de los pontífices; Adriano IV publicó que todas las islas donde se introdujese el cristianismo pertenecían al dominio de San Pedro; Martino V, Nicolás V y Calixto III donaron a Portugal todas las tierras que descubriese desde las Canarias hasta la India; Alejandro VI donó la América al Gobierno Español.

El poder de la riqueza, menor que el del sacerdocio, es sin embargo de latitud muy grande.

Los ricos reúnen simultáneamente muchos poderes. Ejercen el que les da sus capitales y relaciones: disponen del que tiene el número, siendo dependientes suyos los pobres: participan del de la religión, haciendo donaciones o limosnas a los templos y sus ministros: disfrutan hasta cierto grado de ilustración; teniendo tiempo, recursos y medios para adquirirla.

Armados con todos estos poderes, se hacen dueños de los empleos que comunican el de la autoridad, o dominan a aquellos que los sirven.

Las leyes son en lo general dictadas, modificadas y variadas según el interés de su clase. Se ha creado cámaras de pares o grandes, y no se tiene por ley sino la que es aprobada por ellos. La propiedad, de que son señores, ha merecido consideración más grande que la vida de los pobres. Se ha impuesto pena capital al hurto en diversos Códigos de diferentes naciones. Se hace esclavos a los hijos de un continente para que haya operarios en los cañales y cafetales de otro; se han hecho grandes revoluciones y derramando bastante sangre para tener o dar más extensión a las relaciones de su interés.

El poder de la ilustración, noble en su objeto, pacífico en sus medios, es trascendental en sus efectos. Los sabios son los soles del mundo político. De ellos salen los rayos que dan luz a todos los oficios y profesiones útiles; de ellos emanan los que disipan las nieblas o vapores de la superstición, los que ponen en claro los horrores de la tiranía, los que hacen sentir al hombre su dignidad y conocer sus derechos, los que hacen ver el caos de la anarquía y las bellezas del orden. Fuertes con la fuerza de la razón, publican verdades inspiradas por ella misma. Pero este mismo oficio, el más noble de todos los oficios: esta función, la más sublime y benéfica: este trabajo, que debía ser título de gratitud, es origen de persecuciones.

Un sistema de error no se consolida y perpetua sino porque hay poderosos interesados en SU establecimiento. Escribir contra él: conocerlo: dudar, es delito que no se perdona jamás. Se da veneno a Sócrates; se carga de cadenas a Anaxágoras: se asesina a Remo: se pone en un calabozo a Galileo: se proscriben las producciones hermosas del siglo XVIII: se persigue a sus autores: se sofoca la libertad de leer y escribir. ¡Los que debían tener el poder más grande, son débiles, deprimidos y degradados! ¡Los que debían ser sus defensores, son instrumentos de los tiranos que los oprimen! El pueblo a quien defiende Arístides vota el destierro de Arístides.

Cada fracción o clase tiene poder muy diverso, y no debe esperarse jamás un equilibrio perfecto entre ellas. Es preciso confesarlo. No hay en las ciencias políticas, estática exacta como en las matemáticas. Esta es una de las mil desgracias de la especie humana. Pero puede haber aproximación; puede pensarse....

Oídlo, hombres sensibles, amigos ilustrados de la humanidad.... puede pensarse en aumentar los poderes de las clases débiles sin ofender la razón, y disminuir los de las fuertes sin agraviar la justicia.... puede.... debe hacerse lo que inspira la razón y dicta la justicia; y la razón jamás aprobará, y la justicia nunca permitirá que se hunda en la nada a unas clases y se eleven a otras a lo más alto del poder.

Dar a las primeras lo que necesiten para ser o tener existencia; poner límites en las segundas a tanta sobreabundancia de poder; es restablecer las cosas al orden de la razón y justicia; impedir crímenes y multiplicar virtudes; quitar lo más horrible sustituirlo por lo más bello que puede adornar a los Estados.

Este es el punto grande de las sociedades políticas; lo más decisivo de sus destinos; lo más influyente en su futuro, próspero o adverso.

Yo deseo: 1°.- Que en todos los pueblos del mundo se establezca la forma de gobierno más útil, respectivamente, según la totalidad de circunstancias, para hacer que los individuos del Estado tengan la mayor suma posible de aptitud intelectual y moral; 2°.- Que se deroguen las leyes contrarias y se decreten las favorables a aquel fin; 3°.- Que se plantee el sistema de educación más benéfico para el mismo objeto.

I

Son muchas las formas de gobierno porque son diversas las que pueden darse a la combinación de los poderes supremos del Estado. Los poderes pueden acumularse en un solo hombre, depositarse en una corporación compuesta de individuos de una sola clase, fiarse a la masa del pueblo, o dividirse con prudencia, dando el legislativo a cámaras, dietas o cortes de representantes electos por el pueblo: el ejecutivo a un jefe electivo o a un monarca hereditario, y el judicial a tribunales compuestos del número correspondiente de magistrados.

Un sistema de gobierno que acumula en un individuo todos los poderes, somete a la voluntad de uno solo los destinos de millares. Ese individuo puede ser injusto, porque es fácil que quiera aún lo que no puede el hombre, que puede todo cuanto quiere. La autoridad expansible siempre por su misma naturaleza, se va dilatando progresivamente.

El despotismo se presenta al fin sin velos ni máscaras, y para conservarse en el trono hace lo que le inspiran sus intereses. Sabe que un pueblo ilustrado y rico reúne los poderes de la ilustración y riqueza, y armado con ellos hace respetar sus derechos. Obstruye en consecuencia las fuentes de donde fluyen las luces y riqueza; mantiene al pueblo en la ignorancia y miseria; y lleva sobre su abyección y abatimiento a los que pueden ser apoyo de su tiranía.

Mirad el estado de Roma desde que Augusto usurpó todos los poderes, el de las otras naciones de Europa en los siglos funestos del feudalismo, el de Turquía, el de Rusia y las monarquías absolutas. ¿El cuadro de ellas no ha sido desgraciadamente el de una masa bruta de hombres pobres, ignorantes y miserables, sacrificada al poder, riqueza y orgullo de un número pequeño de señores, tiranos subalternos de vasallos o esclavos? La servidumbre, la esclavitud, suerte triste de los pueblos en los siglos anteriores, no fueron abolidas sino el año 1770 a 1790 en Alemania, el de 1781 en Austria, el de 1806 en Pomerania, el de 1807 en Prusia y Varsovia, y el de 1808 en Westfalia. Hasta el de 1761 la Reina Sofía Magdalena emancipó en Dinamarca a los paisanos de sus dominios, y dio a los propietarios este loable ejemplo. Hasta en 1801 Alejandro I, concedió a los rusos el derecho (que se les había arrebatado) de adquirir tierras. Hasta el de 1810 empezó la América a pronunciar acentos de independencia y libertad. La Grecia lucha todavía por la de sus hijos; y el África ve hasta ahora salir los suyos a donde los lleva la codicia a servir como esclavos de dueños inhumanos o poco sensibles.

Si todos los poderes se depositan en individuos de una sola clase, se reproduce el mismo fenómeno con caracteres más odiosos. La que tiene la autoridad quiere extender la que ejerce para perpetuarse en el trono; está iniciada en los secretos del despotismo, y posesora de ellos, conoce que un hombre no es dominador injusto, sino quitándole las fuerzas químicas y morales, debilitándole y anonadándole. Todo es nulidad en tal posición.

Un orden solo reúne todas las existencias sociales que ha quitado a las demás clases; y ese orden no muere como los individuos. Es un cuerpo siempre existente; es un Nerón siempre vivo. En los tiempos del Imperio respiraron los pueblos cuando Tito, Trajano, Antonio y Marco Aurelio sucedieron a Tiberio, Calígula, Claudio, etcétera. En los primeros siglos de la República, el sistema tiránico de los patricios fue continuado sin interrupción. Derribaron el trono de los Tarquinos para sentarse orgullosamente en él; se apoderaron de los poderes ejecutor y juzgador, y casi fueron árbitros del legislador, ocuparon las tierras, se hicieron dueños de todas las riquezas, prohibieron el enlace de sus hijos con los del pueblo, sintieron que éste respirase el mismo aire que respiraban ellos, le sacrificaron en guerras lejanas para distraerle de reclamaciones contra tiranía.

La de los nobles de Venecia fue sutil en la opresión y fría en la crueldad. Un consejo formado de ellos proscribía el mérito y castigaba el pensamiento. El pueblo debía estar hundido en la nada; y el que subía empujado por las fuerzas de su talento era sospechado al instante, condenado sin proceso, ejecutado sin dilación. No hay en un gobierno aristocrático otros intereses que los de la aristocracia, no se tiene otro objetivo que el de su conservación. Si agota las fuerzas que los sostienen, si no las encuentra en el pueblo que oprime, va a buscarlas en naciones extrañas, Poco importa la patria de tanto precio para la razón y la virtud.

El aristócrata ingrato la ofrece, como si fuera propiedad suya, al conquistador que promete conservarla superior al pueblo, sacrifica a un yo criminal, millones de hombres inocentes, que no han cometido otro delito que el de no sufrir más tiempo de opresión. Los nobles de Génova, dijo una sociedad respetable que escribió en 1772 la historia de aquella República querían más bien ver a su patria sometida a una dominación extraña, gimiendo bajo un yugo pesado, que verla feliz bajo el Gobierno de hombres que no tenían nacimiento. En Francia manifestó la nobleza el mismo carácter a fines del siglo último.

Para recobrar sus injustos privilegios y su poder depresor para no ser ciudadanos como los demás, ni estar sometidos al imperio de una misma ley, los nobles galos salieron de sus hogares a conmover la Europa y a armar las potencias extranjeras contra su patria. De la América, dice el Barón ilustrado que supo observarla antes de su independencia en 1799 a 1804. En cada lugar hay un pequeño número de familias que por una opulencia hereditaria, o la antigüedad de su establecimiento en las colonias, ejercen una verdadera aristocracia municipal. Ellas quieren más bien estar privadas de ciertos derechos, que dividirlos con los demás, ellas preferirían una dominación extraña a la autoridad ejercida por americanos de clase inferior, ellas detestan toda constitución fundada en la igualdad de derechos, ellas temen especialmente perder las condecoraciones y títulos que han adquirido con tanto trabajo y forman una parte esencial de su felicidad doméstica.

La nación, que es la universidad de individuos que las componen, la nación donde reside originalmente la soberanía, parece llamada al ejercicio de los poderes que la constituyen. Todos serían en tal hipótesis legisladores, gobernadores y jueces, la educación se acercaría al grado posible de identidad; y la filosofía no vería oprimidos en una parte y opresores en otra. Pero es imposible la ejecución de un sistema tan brillante en la teoría y tan impracticable en la realidad. Una sociedad de hombres dilatados por una área de 10, 15 o 20 mil leguas cuadradas, no podrían reunirse con la frecuencia que exigen las funciones de la soberanía, sin movimientos, dilatados, penosos y costosos.

Ocupada diariamente en el ejercicio de los poderes supremos, era necesario que existiese otra nación de hombres condenados a servir a la de los legisladores: que hubiese ilotas destinados al servicio de los espartanos, o esclavos que trabajasen, o tributarios que contribuyesen para mantener el lujo, o conservar la existencia el romano ocupado en el foro y el senado.

Sacrificada la existencia de los primeros a la conservación de los segundos, la nación aparecería dividida en dos naciones, enemigas unas de otras, con intereses opuestos y tendencias muy contrarias. La de legisladores, guiada por interés, procuraría tener subyugada a la de siervos, y la de éstos impedida por la naturaleza, trabajaría para recobrar su libertad. La lucha sería el fin inevitable, las disensiones precisas, las guerras intestinas necesarias. Hay infaliblemente tarde o temprano, combate encarnizado doquiera que hay señores y esclavos.

Los negros asesinaron en Santo Domingo a los amos que los oprimían. El Norte de América se levantó contra Inglaterra. El Centro y el Mediodía se pronunciaron independientes. Y la Grecia sigue alzada contra el musulmán que la humillaba. En los periodos de paz, antes de las explosiones de la guerra, tampoco sería feliz su suerte. El pueblo más civilizado no sube jamás al grado de ilustración necesaria para saber dictar leyes y gobernar estados.

No ha habido en la extensión de lo pasado, ni habrá en la inmensidad de lo futuro naciones de sabios; y es preciso serio para ser legislador. Puede el pueblo recibir las luces de un senado que tenga el derecho de presentar proyectos de ley, puede oír la voz de oradores inspirados por la elocuencia para defender unos la afirmativa y sostener a otros la contraria. Pero no podrá elevarse a la altura precisa para juzgar desde ella el proyecto del senado, el Pro de unos oradores y el contra de otros, no podrá reunir toda la masa de conocimientos indispensables para descubrir en el laberinto de los intereses y en el caos de las intrigas, cuál es la voz de la razón, cuáles son los acentos de la verdad, dónde está el verdadero bien de la patria: será juguete del patriotismo, más astuto y simulado, creerá voz del patriotismo lo que es vocinglería de las pasiones, desterrará a Temístocles que le ha salvado en Salamina, elevará a César, que medita su esclavitud, lanzará de Roma a Cicerón que acaba de ser padre sabio de la patria. Platón dijo, más de dos mil años ha: mientras los sabios no tengan el gobierno no cesarán los males del género humano. La filosofía, sensible a ellos, debe repetirlo en este siglo de regeneración, debe retirarlo en los siguientes que prometen más felicidad o menos desgracias; y no debe callar hasta que vea a sus hijos haciendo en el gobierno de los estados la ventura de los pueblos.

Dividir los poderes con sabiduría previsora, dar el elector al pueblo, el legislador a cámaras de representantes, el ejecutor al rey de la monarquía o al jefe primero de la República, y el juzgador a los tribunales o cortes de justicia, este es el sistema más prudente para impedir males o asegurar bienes, dividiendo los poderes se evita la acumulación de la autoridad, productora casi siempre del despotismo que proscribe las ciencias y a los que las cultivan, y mantiene a los hijos de la nación ignorantes, pobres y débiles.

Dando al pueblo el poder elector, se le hace centro u origen de donde emana la autoridad legisladora, se le da parte en el ejercicio de la soberanía, se le guardan las consideraciones habidas siempre a los que tienen la facultad de nombrar elevados, se le pone en aptitud de elegir a los sabios que desprecian los grandes porque son defensores de las libertades y fueros de las naciones, se le saca de la humillación o envilecimiento en que se le haya tenido, le inspira elevación y honor y se le prepara a recibir la educación correspondiente.

Otorgando a cámaras de representantes el poder legislador, se pone el de dictar leyes en las manos de los que han elegido el que tiene más interés en que tiendan al mayor bien posible, del mayor número posible, se establece la armonía que deba haber, entre el Gobierno y el pueblo, se hace amar la ley porque tiene el carácter de bien universal que debe distinguirla se cumple con gozo por los ciudadanos, y se vuela a la prosperidad marchando por la vía que designa con este objeto.

Concediendo a un monarca hereditario o a un jefe electivo el poder ejecutor, se da a la administración la unidad y energía que debe tener, se impide la arbitrariedad y asegura o consolida el imperio de la ley dictada por los electos del pueblo.

Declarando a los tribunales o cortes el poder juzgador no permitiéndoles otras funciones que las de dirimir o sentenciar causas; y sujetándolos a la responsabilidad severa de la ley, se hace expedita y la administración de justicia y el propietario no es largo tiempo privado de su propiedad, ni el arrestado, corrompido o viciado en las cárceles, se obliga a ser recta, como la perpendicular la de los geómetras la magistratura que decide sobre las personas y haberes, y tiene puntos más inmediatos de contacto con los ciudadanos.

Todos los poderes tienen influencia muy activa en la educación intelectual y moral. Los representantes de los pueblos, los reyes o jefes, los magistrados y jueces, son los institutores primeros de las naciones. Ellos les dan lecciones más trascendentales que las de un ayo o maestro, con su vida pública y privada, con sus leyes, reglamentos y sentencias.

No hay escuela, no hay academia, no hay liceo tan respetable y provechoso como una cámara dieta o asamblea. Allí se aprende a hablar el idioma patrio, hermoseado con las bellezas que inspiran la importancia de los asuntos y el celo del patriotismo, allí se ve en acción el arte de la discusión y análisis en las cuestiones más difíciles de hacienda, guerra, política, etcétera.

Allí se oye hablar la elocuencia deliberativa sobre lo más sublime, delicado e interesante para el pueblo, allí resuena en toda su majestad la voz de Bailly, que dijo. La nación junta en cortes no recibe órdenes de nadie, allí se desarrollan en todas sus consecuencias, los principios de la ciencias morales, políticas y económicas, y se forma la ley reguladora de las acciones del ciudadano, y protectora de sus derechos y deberes, de allí salen los diarios que circulan por todas partes del espíritu que dicta la razón, que sirve de base, y el objeto a que se dirige la ley, de allí salen los diputados que al fin de la legislatura vuelven a sus pueblos y propagan los conocimientos que han recibido.

Esta circulación de luces, más preciosa que la del oro, aumenta las de los hombres de letras; y comunicando al pueblo las que no tenía, le ilustra y predispone a la conquista o conservación de sus derechos. Las del parlamento británico, atravesando el océano, penetraron por el Norte de la América, e influyeron en la revolución de su independencia, origen de la riqueza y cultura del pueblo angloamericano. Y las de la Asamblea de Nacional Francia, después de haber subido los Pirineos ilustrado a las Cortes de Cádiz y pasado el Atlántico, ¿no están actualmente ejerciendo su imperio en la revolución del nuevo mundo y la ilustración de sus hijos?

De los salones del poder ejecutivo, reservado siempre en todas sus conferencias, y misteriosos a veces en sus acuerdos no salen luces en tanta abundancia. Pero es basto su imperio y grande su influencia en la educación. Ejecuta la ley que da a la de los pueblos la primera dirección; planten el sistema de instrucción decretado por el poder legislador; nombra los funcionarios que no cesan de obrar en el pueblo, gradúa los servicios y méritos, distribuye los honores y empleos; eleva o humilla; estimula o desalienta; da vida o muerte. Sin sobreponerse a la ley, acordando su cumplimiento para evitar las consecuencias de la responsabilidad, o el oprobio de una deposición, puede cumplirla de muchas maneras diversas.

¿Pero cuánta es la diferencia entre un ejecutor celoso penetrado de la importancia del decreto que manda observar, y un ejecutor frío, contrario a la ley que ordena guardar? Fernando VII, es ejemplo reciente que no deben olvidar jamás las generaciones futuras, Juró en 1820 la Constitución de 1812; prometió ser su apoyo más firme; añadió que en el centro de las cortes, rodeado de los representantes de los pueblos, se placería en concurrir a la obra grande de la prosperidad nacional, y al mismo tiempo que se obligaba con palabras y juramento tan solemne, buscaba subterráneamente fuerzas para sofocar la voluntad de la nación, destruir su ley fundamental, y volver los pueblos a la ignorancia y miseria a que los precipita el gobierno absoluto de sus predecesores.

Los tribunales, ejecutores, como el gobierno, de las leyes y los decretos, son corno las Asambleas, escuelas de instrucción y moralidad. No es tan extensa su esfera, ni tan grande su autoridad como la del poder legislador, pero ejercen sin duda una censura influyente en las costumbres y propagan luces que mejoran una de las secciones importantes del sistema de los conocimientos humanos. Los oradores de las partes contendoras defienden la inocencia, acusan el crimen y hacen hablar otro género de elocuencia menos augusta a la verdad que la deliberativa; pero útil para la moral, benéfica para la propiedad e interesante para los progresos de la jurisprudencia.

Los Magistrados discuten los puntos más importantes de la legislación, se ejercitan en el arte difícil de sacar la verdad pura y sencilla, del caos de los procesos y de aplicar la ley a los hechos; abrazan todas las acciones de los ciudadanos; las califican declarando las inocentes o criminales; castigan los delitos imponiéndoles las penas correspondientes; hacen de esta manera que las propiedades y personas sean respetadas; moralizan a los hombres y les dan el valor de las buenas costumbres. Si los censores de Roma, que graduaban el haber y vigilaban la conducta de los ciudadanos, tenían tanto influjo en la moralidad los magistrados de los tribunales que arrestan, destierran, decapitan, condenan o absuelven ¿cuánto será el que ejercen con sus autos y sentencias?

Los gobiernos constitucionales producen del modo posible, a más de otros, cuatro bienes muy grandes, impiden el despotismo, dan al pueblo el poder de la ilustración y moralidad; dan a los hombres de letras el de la autoridad; forman el espíritu público, garantía la más sólida de los derechos del hombre y los fueros de las naciones.

Seguid, hombres benéficos, cultores de las ciencias y defensores de los pueblos, la lucha en que estáis empeñados para bien de la humanidad. Unidos en sociedades de amigos del sistema constitucional para conservarlo en los Estados donde existe y plantearlo donde lo repugna el poder absoluto. Organizadles sobre un plan combinado sabiamente para facilitar su correspondencia y armonía y aumentar sus fuerzas multiplicando sus relaciones. Acumulad todas sus luces, hablad todos los idiomas, usad todos los estilos, aprovechad todas las influencias, haced, en fin, rolar la razón por toda la tierra para que no haya la extensión de ellas más que gobiernos constitucionales. Vuestros trabajos han sido hasta hoy victoriosos. Las regiones oscuras del poder absoluto se van disminuyendo y las de los gobiernos constitucionales dilatando cada día más.

No a muchos siglos que el imperio del despotismo se extendía a todo el globo. La América entera es ahora constitucional; la Europa lo es también en gran parte de su territorio; la Grecia combate por su libertad y la Grecia, que en siglos remotos tuvo el honor de ilustrar al mundo entonces conocido, y de cooperar en el XV al renacimiento de las letras, tendrá tal vez en el XIX la gloria de propagarlas por el África y el Asia. Donde hay comprensión debe haber reacción. Es ley de la naturaleza positiva como la de los cuerpos elásticos. Si ha habido en el mundo días de despotismo, tristes como los de inviernos; debe haber días de libertad constitucional, alegres como los de primavera.

Pero no basta el establecimiento de una forma prudente de gobierno. Es preciso que lo sean también las leyes dictadas por el poder legislador y cumplidas por el ejecutor.

El género humano ha sido muchos siglos víctima infeliz de la ignorancia, superstición, fanatismo, interés y pasiones de los legisladores. Puede decirse, sin temor a equivocarse, que los enemigos más grandes de la especie humana han sido los legisladores.

Antes de tener la suma de observaciones y cantidad de conocimientos precisa para dictar leyes justas y previsoras, cuando eran todavía infantes que no poseían en su plenitud las ciencias morales, económicas y políticas, o estaban infectados de pasiones que no permitían ver la verdad en toda su pureza, los hombres osaron ser legisladores de los hombres.

No hubo desde entonces género alguno de delito que no cometiera la ley. Halló los derechos más sagrados de propiedad y seguridad, puso en la clase de delitos acciones inocentes, y en la de virtudes acciones criminales; dio más consideración de haber de los ricos que a la vida de los pobres, imponiendo al hurto pena capital, sofocó los sentimientos más tiernos de la naturaleza, permitiendo que un padre comiese a su hijo en el caso de sitio, inmoló multitud de víctimas mandando que las hubiese en los altares del fanatismo, condenando a muerte a los que mataban involuntariamente animales que se llamaban sagrados, a los que en un siglo no daban sus votos a una opinión, y a los que en otro siglo creían en ella, a los que tenían pensamientos diversos de los del gobierno (despótico o arbitrario que los regía), a los que defendían los derechos del pueblo o escribían para ilustrarle, a los que se elevaban sobre las supersticiones y enseñaban la moral en su verdadera pureza, etcétera.

Se ha burlado del hombre, acordando unas veces que se le marcase como se marcan las bestias, y decretando otras que se le cortase la mano, se le sacasen los ojos, se le ahorcase, se le arrojase de la altura de una roca, se le ahogase metido en un saco con monos, víboras y gallos, se le fusilase con ceremonia, se le quemase vivo, etcétera. Los ladrones más codiciosos, los homicidas más depravados, no han sido tan devoradores ni tan asesinos como los legisladores de siglos oscuros o tiempos corrompidos.

Una época de luz promete futuros menos tristes. El malvado cede y el legislador debe respetar los derechos del hombre. ¿Cuál es entre uno y otro la diferencia que los distingue, ambos atacan lo que debe ser sagrado?

La verdadera ley no es destructora sino protectora de los derechos de los hombres; y todos los que han recibido éstos se reducen en último análisis a uno solo, el de ejercer, y perfeccionar sus facultades y disponer libremente de los productos de ellas.

Cada individuo tiene su derecho para cultivar su espíritu formar su corazón, para labrar sus tierras y mejorar sus propiedades, para elegir oficio y ocuparse en el electo, para comunicar privada o públicamente, por escrito o de palabra, sus pensamientos, para donar, vender o enajenar sus frutos, artefactos o mercaderías. Si tú puedes ilustrarte, enriquecerte y darte los valores de la belleza y de la virtud, yo, obra como tú, de la creación, individuo de la misma especie, no tendré la misma facultad? Este es el derecho primordial, fuente de donde fluyen los demás derechos.

No hay bien alguno físico o moral que no sea efecto del desarrollo bien dirigido de las potencias del hombre. La agilidad o destreza es resultado del ejercicio repetido de la facultad de moverse. La ilustración es obra de la de pensar y comunicar libremente el pensamiento. La riqueza es producto de la de trabajar y disponer con libertad del producto del trabajo. La moralidad es el hábito feliz de las virtudes, formado por la de sentir, pensar y conocer sus verdaderos intereses.

Las leyes que embarazan, obstruyen o contrarían injustamente el desarrollo o ejercicio libre de las facultades del hombre, producen su ignorancia, pobreza y corrupción. Las que facilitan y protegen en todas las clases aquel desarrollo o ejercicio, influyen en su ilustración, riqueza y moralidad.

No hay en la historia una sola nación que no ateste este principio luminoso, gula de los legisladores que quieran ser dignos de título tan grande.

La opinión que en Grecia y Roma creía viles las ocupaciones importantes do la industria y comercio embarazaba en los ciudadanos que no querían vivir degradados el derecho que tenían para elegir libremente la profesión u oficio que les conviniese. Los de artesanos, mercaderes y artistas estaban en manos de esclavos. El pueblo era pobre, sometido a la influencia de los ricos, posesores de los empleos, tierras y esclavos; y su pobreza influía en su ignorancia y poca moralidad.

El sistema mercantil, nacido en la época oscura del feudalismo y conservado hasta el último siglo; ese sistema injusto que por desfavorecer al fabricante despojaba al labrador del derecho que tiene para exportar y llevar al mercado de más consumo sus granos y materias primeras, y arrebataba al pueblo el de comprar los artículos mejores o más baratos, que manufacturase el extranjero, produjo, como era preciso, sus naturales efectos.

Autorizó el monopolio, que no es otra cosa que dar a un número pequeño y quitar a la universalidad de individuos el derecho que deben disfrutar todos para disponer libremente de sus haberes; elevó al mínimum y humilló al máximum; hizo nacer las pasiones del orgullo y vanidad en el primero, y las del abatimiento y miseria en el segundo.

La inquisición, establecida en el siglo XIII, y perpetuada sucesivamente en Italia, Portugal, España y América, sofocó la facultad más noble del género humano; quitó el ornamento más bello de las naciones; mató la razón; quemó al hombre. No es una hipérbole exagerada. Es una verdad acreditada en los anales de aquel tribunal.

Lo que eleva al hombre sobre la creación es la facultad de pensar, y esa potencia fue sofocada por los edictos que prohibían la publicación y circulación libre del pensamiento. Lo que hermosea más los Estados es la ilustración; y ésta no puede existir, donde la facultad de pensar no es desarrollada con libertad justa. Moría la razón en los edictos que prohibían lo que la forma, y el hombre que hacía uso de ella era condenado a las llamas.

La esclavitud, autorizada en Grecia, en Roma, en el imperio, en la Edad Media y en los siglos posteriores; disminuida al presente y no abolida todavía en algunos reinos, llegó la degradación al extremo último a que podía extenderse. Anonadó al hombre; le despojó de sus derechos; le privó del ejercicio de sus facultades; le redujo a propiedad semoviente, igual a la bestia que se vende, alquila y hace trabajar a voluntad de su dueño.

El sistema colonial, que gravitó cerca de tres siglos sobre la América, ha sido la suma do los sistemas más funestos que han oprimido a los pueblos. Autorizó la opinión que envilecía las artes y oficios, abandonándolos a los brazos degradados de las que se llaman bancastas; estableció la inquisición, que embaraza el desarrollo de la facultad de pensar; elevó a la ley el sistema mercantil, decretando para sostenerlo, las penas más injustas; quitó a los mineros que llamaba clase importante y privilegiada el derecho de extraer su oro y platas, y a los agricultores, que creía dignos de protección, el de exportar sus frutos a las plazas donde valían más; cerró los puertos del nuevo mundo a todas las naciones del antiguo, excepto la conquistadora; sujetó los intereses de millones de hombres a los del comerciante de Cádiz, hizo aparecer delito enorme lo que llamaba contrabando y no era más que el uso que hacía de su propiedad un propietario legítimo; cerró las puertas del honor a los individuos del pueblo, y estancó los primeros empleos en los hijos de España más adictos al sistema de aquella deplorable época; mantuvo a los indígenas en la más estúpida ignorancia y los condenó a tutela perpetua en consideración a la ignorancia en que los tenía; mandó que en los reinos conquistados por la fuerza no se cultivasen los frutos ni estableciesen las fábricas que se cultivaban y estaban establecidas en los reinos conquistadores; fundó los pueblos en la parte central del Continente, lejos de las costas y puertos de extracción; aisló a la América, y la separó de las naciones donde se cultiva y hace progresos la razón; hizo sufrir los horrores de esclavitud, condenando a ella a los indios que donaba a los conquistadores y encomenderos y permitiendo el tráfico de negros para los trabajos de las minas y cultura de los campos; hizo pobre al país de la riqueza; anonadó un mundo entero.

El hombre, comprimido por los pesos del fanatismo, de opiniones erróneas, de leyes injustas y gobiernos despóticos, no ha podido hasta ahora, después de tantos siglos, desarrollar plenamente sus facultades o potencias. Ha habido siglos, en que era Turquía la tierra entera. No ha existido uno solo en que el globo fuese iluminado en todas sus fases.

La Europa, conquistada por el romano, y el romano deprimido por el orgullo de los patricios; tiranizada posteriormente por los Césares; devastada por los bárbaros del Norte; esclavizada por los señores feudos; sometida al cetro de reyes absolutos, sólo ha gozado momentos de despotismo. cortos de libertad en siglos largos de despotismo.

El Asia, cortada por desiertos tristes que dificultan las comunicaciones; cubierta de tártaros al Norte y de conquistadores al Mediodía; infectada en algunos lugares de la religión de Mahoma, que aumenta las fuerzas de la tiranía, reuniendo en un solo individuo los poderes de monarca y sacerdote supremo, y hace a los hombres siervos del gobierno y a las mujeres esclavas de los hombres; plagada en otros de la de Brahma, que manda adorar a los déspotas y sufrir en paciencia sus agravios y violencias, es desde la antigüedad el país de las supersticiones, el teatro del despotismo, la tierra donde los reyes de Persia se hacen respetar como divinidades, y el Emperador de China gobierna su imperio como monarca absoluto y le mantiene cerrado a las relaciones libres con el mundo.

El África, desde la caída de Tiro, Cartago y Egipto, no ha vuelto a ver luces en su suelo. Ha sido desde entonces el país de las tinieblas; es ahora el mercado donde se vende el hombre para ser esclavo del hombre.

La América, separada por el Océano de las otras partes de la tierra, sin relaciones con los pueblos donde primero nacieron y crecieron las ciencias; dominada en los siglos anteriores a su conquista por los reyes cakchiqueles, los incas, los moctezumas y caciques, subyugada después por los españoles, apenas comenzó en 1810 a desenvolver sus capacidades o potencias, cuando fue turbada en su movimiento por el de las revoluciones que ocurren siempre que se mudan las formas de gobierno.

Recórranse uno a uno los diversos países de la tierra, y se ofrecerá a los ojos un cálculo siempre triste. La República donde se ha reconocido la soberanía del pueblo, y fiado su ejercicio a él mismo, o a autoridades electas por él, ha sido en lo general, comparadas con otros gobiernos, como las luces o fuegos que se apagan poco tiempo después, o casi al instante mismo en que brillan.

Las monarquías constitucionales donde los poderes están positivamente divididos, y se ejercen por autoridades en realidad independientes, son días tranquilos por la serenidad de la atmósfera; pero raros y de poca duración en el curso del tiempo. Las monarquías absolutas donde el rey concentra en sus manos todos los poderes, son por el contrario tenebrosas y largas como las noches de los países inmediatos a los polos.

Roma, que llegó a señora del mundo entonces conocido, cuenta 2.580 años desde su fundación; y en número tan grande sólo 495 fue República. En los restantes fue dominada 244 por reyes, expulsados al fin por su tiranía; 489 por emperadores que sofocaron las libertades patrias; 76 por reyes ostrogodos, bárbaros como pueblos de su origen; 203 por reyes lombardos, semejantes a los ostrogodos, y más de mil por los Pontífices Supremos, que comenzando en el siglo VIII a reunir las dos potestades, empezaron desde entonces a influir con doble poder.

Los períodos de libertad han sido un mínimum casi imperceptible en la extensión del tiempo, y los de esclavitud un máximum que abraza los más grandes espacios. Si a pesar de esto, el hombre oprimido la mayor parte del tiempo, ha sabido crear las artes y ciencias y hacer progresos que asombran a quien se detiene a contemplarlos ¿cuáles haría dejándole en libertad justa para desenvolver sus facultades, sin estorbos ni embarazos? ¿Quién osaría señalar en caso tan alegre la meta última hasta donde podría llegar marchando libremente en su carrera?

El uso de sus derechos; el ejercicio de sus facultades, no es un delito. Sería contradicción muy absurda crear al hombre con derechos y hacerle cargo por el uso de ellos. Delito es la acción con que un hombre embaraza los derechos de otro hombre. Lo comete el gobierno que prohíbe al labrador vender sus frutos en la plaza de más consumo, o al hombre de letras publicar libremente sus pensamientos. No lo perpetra el cosechero que exporta sus granos a los mercados de más valor, ni el escritor que ilustra a los pueblos dando a luz sus ideas.

Cada uno de los derechos y facultades del hombre es una fuente de prosperidad individual y nacional. En la de pensar y comunicar los pensamientos, está el origen de las artes y ciencias; en la de trabajar y disponer de los productos del trabajo, existe el de las riquezas y prosperidad.

¿Se ha pensado jamás impedir la facultad de germinar que tienen las semillas, o la de desarrollar las que hay en la tierra, o la de hermosear las producciones de la naturaleza y facilitar los trabajos del hombre que existen en las máquinas? Quitad al hombre el uso libre de sus facultades o ponedle trabas o limitaciones injustas, y los pueblos y las naciones, compuestas de ellos, serán ignorantes, pobres y desventurados.

Restituidle el goce de sus derechos; permitidle que ejerza libremente sus potencias, y todo será riqueza ilustración y felicidad. El hombre, sublime en un aspecto por el alma que lo anima, podría en otro considerarse como una máquina capaz de elaborar ciencias, artes y riquezas. ¿Será justo impedir los movimientos u obstruir los resortes de la máquina?

Legisladores, borrad de los códigos las leyes que hacen a los pueblos tan pobres y miserables que no pueden proporcionar a sus hijos aún la ilustración elemental, las que prohíben o embarazan la enseñanza de algunas ciencias, o acumulan a favor de unas la protección, honores y rentas, y las escasean a otras más útiles o de igual importancia, las que tienden a estancar los conocimientos de un orden o corporación, estableciendo academias de nobles, colegios de abogados con derecho exclusivo para ser ellos solos defensores de los otros, etcétera, las que prohíben la comunicación libre de los pensamientos, prohibiendo la libertad de imprenta y estableciendo mesas censorias, policías severas o tribunales inquisitoriales, perseguidores de las luces conocimientos, las que impiden la circulación de la propiedad autorizando los mayorazgos y manos muertas, las que estancan los frutos negando a los propietarios la facultad de cultivarlos en sus tierras, las que atacan sus derechos prohibiendo la libertad evidentemente justa de comercio, las que enriquecen a unos con perjuicio de otros, concediendo privilegios exclusivos, las que fijan el interés de los capitales y el precio de los frutos quitando este derecho al regateo libre de los contrayentes, las que tienden acumular la propiedad territorial en una clase de individuos, o establecer a favor de ellos el monopolio de riquezas o conocimientos, las que complican las formas o sustanciación de los procesos, y hacen oscura la verdad, costosa y difícil la administración de justicia las que adoptan un sistema de contribuciones que exige a los pueblos cantidad mayor que la precisa para los gastos del gobierno, y oponen al movimiento de la agricultura, industria y comercio obstáculos que lo entorpecen y desalientan, las que trastornan las ideas de moral, haciendo escalas injustas de delito y penas, o decretando castigos severos a culpas leves, y suaves a crímenes que las que permiten espectáculos o diversiones que sin dar luces ni inspirar virtudes, corrompen o hacen hipócritas, crueles o sanguinarios; últimamente, las que han sacrificado los derechos de la mayoría al interés del menor número, haciendo que la clases altas tuviesen primero multitud de Siervos que trabajasen en su riqueza, declarándolas después privilegiadas o exentas de pechos o contribuciones, dándoles al fin exclusivamente los primeros empleos, y tendiendo siempre a conservarlas en elevación a costa de los pobres o miserables.

Todavía no se sabe lo que el hombre es capaz de ser. Haced, legisladores, el experimento; permitid que desarrolle todas sus capacidades y desenvuelva todas sus energías. Si se place el alma viendo a Newton y Bufón, a Sócrates y Franklin, elevados por el ejercicio de sus facultades a la altura del saber, y al sublime de la virtud, ¿no será infinitamente mayor el gozo contemplando otros genios elevados a mayores alturas por el desarrollo más pleno de sus potencias?

Poned en lugar de las leyes que han hecho ignorante pobre y corrompido al pueblo, otras que sean expresión y garantía de sus derechos. Asegurad su cumplimiento exigiendo en los pretendientes de empleos las virtudes y talentos necesarios para su servicio. Mandad con el tono más firme, en los términos más decisivos, que ninguno sea colocado en las sillas del honor sin haber acreditado de la manera que designe la ley, la moralidad de su conducta. Formad una clasificación de conocimientos proporcional a la de empleos.

Declarad que es necesaria la instrucción, comprobada también del modo que señale la ley, en las ciencias económicas para los de hacienda, en las militares para los de guerra, en las jurídicas para los de justicia, en las políticas para los de gobiernos, en las legislativas para los de legislación. Dejad que el germen de la virtud y las semillas del talento sean todo lo que pueden ser. No cometáis el crimen de sofocarlas o impedir su germinación.

Cultivadlas por el contrario acordando y protegiendo el sistema más útil de educación. Que Herschel subiese desde la clase humilde donde nació hasta los astros que supo descubrir y observar. ¿Ha sufrido alguno por esto? ¿No han recibido bienes los mismos que desdeñan a los pueblos y sus hijos?

Hay un sistema de agricultura para desenvolver todas las capacidades de la tierra, labrándola y poniéndola por la labranza en aptitud de dar todas las producciones posibles.

Debe haber otro sistema de hominis cultura para desarrollar todas las facultades del hombre, cultivándolo y poniéndolo por el cultivo en estado de producir cuanto sea capaz de dar.

Hombres y tierras son los elementos grandes de la felicidad social, la riqueza de los pueblos y el origen de ella, la causa del bien y el bien mismo, las potencias y los agentes de la prosperidad de los individuos y de las naciones.

No labrando la tierra, ni cultivando los hombres, la primera es un desierto triste sin vegetación ni vida, o un suelo de grama y abrojos o un bosque enmarañado con sarmientos, y los segundos son salvajes y bárbaros, desnudos e infelices.

Cultivando la una, y educando los otros, los campos son jardines de flores, espigas y frutas regaladas, y los pueblos sociedades de virtudes, talentos y bellezas.

Todavía hay hombres y existen pueblos que no sienten toda la importancia de esta verdad. Cálculos falsos de interés les inclinan a preferir el salario mezquino de sus hijos en los primeros años de su edad a la ventaja infinitamente más grande de darles la educación que necesitan.

Prevenciones contra las ciencias, hijas de la ignorancia que no conoce su precio, les hacen creer perdido el tiempo que se consagra a su estudio. Un almacén donde solo se habla de fardos y numerario parece a sus ojos establecimiento más útil que las clases donde se dan a los hombres todas las aptitudes posibles para ser grandes en todas las carreras. Las influencias de los siglos en que se desdeñaban las letras se sienten hasta ahora en muchos individuos de las clases ricas; el peso de las edades oscuras en que no se veía la trascendencia de la ilustración gravita en los pueblos.

Es preciso volverse a los padres de familia, hablar a su alma interesando su ternura a favor de los que existen por su causa; convencer su espíritu manifestándoles la necesidad de la educación; imponer silencio a su interés haciéndoles cálculos demostrativos y palpables.

Un niño trabajando como operario 300 días anualmente, ganando con su trabajo 1 1/2 o 2 reales diarios en 5 años corridos desde los 7 hasta los 11 de su edad, adquiere al cabo de todos ellos 2,250 o 3,000 reales que son 281 o 375 pesos. Pero queda condenado a no tener en toda su vida otra aptitud que la precisa para ser jornalero, y no ganar en este concepto más que 2 reales al día o 75 pesos al año.

Otro niño se dedica a recibir la educación que se le da. Pierde en 5 años 281 o 375 pesos; pero cultiva su espíritu y se pone en aptitud de subir a destinos que le proporcionen una renta anual de 200, 400, 600 o más pesos que en 5 años asciende a 1,000, 2,000, 3,000 o más pesos.

¿Cuál es en la comparación de estos cálculos el más ventajoso al interés? ¿El valor de 375 pesos será más grande que el de una educación productora de miles? Y el hombre, siervo de un trabajo diario y penoso, dependiente por su ignorancia de todos los que sean de más capacidad, ¿tendrá precio mayor que el hombre civilizado, superior a unos, independiente de otros, y libre para elegir entre muchos trabajos, el que sea más lucroso?

Linneo, creador del sistema seguido con más universalidad, dio en Upsal lecciones de Botánica. La fama de su nombre, el crédito de su doctrina atraían millones de discípulos, hijos de diversas naciones. Todos iban a Suecia a derramar la abundancia, y Upsal se enriquecía por la educación que supo darse un hombre, pobre y oscuro en sus primeros años; caballero y sabio en los últimos. Los que no la han recibido ¿han sido jamás productores de tanta riqueza?

El hombre inculto ¿ha producido nunca un centésimo al menos de lo que ha dado en los siglos anteriores y continuará dando en los futuros el inventor o perfeccionador de una máquina útil?

Un catecismo claro, breve y sencillo en que se evidencie la nulidad del hombre sin educación y los valores de quien la ha recibido, es el primero que debe escribirse. Entre los libros elementales, éste sería el más importante. Prepararía los ánimos al cumplimiento puntual de la ley organizadora de la educación; apoyaría su observancia en la base que la asegure más, que es el convencimiento de su utilidad; haría a los padres dignos de este título; haría a los hijos dignos de la patria.

Pero no basta la voluntad para llegar a este objeto, el más recomendable de todos. Son precisos labradores instruidos, por el arte y la experiencia, para saber cultivar la tierra son necesarios maestros, ilustrados por una y otra, para formar hombres.

Si hay ciencias y artes para hacer aritméticos, geómetras, etc. ¿no habrá para hacer maestros, profesores o institutores? Y si se han abierto clases para enseñar las ciencias y artes ¿no deberían establecerse para enseñar la que da impulso o hace progresar a todas las demás?

Este raciocino, obvio y sencillo, había escapado a los siglos.

La Francia que tiene tantas glorias, ha tenido también la de concebirlos, perfeccionarlo y plantearlo. "Que se establezcan, dijo el año de 1795, escuelas normales, y en ellas no se enseñen las ciencias sino el arte de enseñar, que los sabios más eminentes, Lagrange, Laplace, Monge, Daubenton, Haüy, etcétera, sean los que presidan abriendo cursos de cuatro meses al menos y manifestando cómo deben aplicarse a la enseñanza del arte de leer, escribir, calcular, etc. los métodos designados en los libros elementales adoptados por el gobierno, que los administradores de distritos envíen discípulos proporcionados a la población para que aprendiendo el arte de enseñar puedan al salir de las escuelas ser no solamente hombres instruidos, sino capaces de instruir.

Por la primera vez en la tierra, la razón y la filosofía van a tener su seminario. Por la primera vez los hombres más distinguidos en las ciencias, los que han sido hasta ahora los profesores de los siglos, van a ser los primeros maestros de escuela. En los Pirineos y en los Alpes, el arte de enseñar será el mismo que se adopte en París; y ese arte será el de la naturaleza y el genio. No se verán ya en la inteligencia de una nación grande, espacios mínimos cultivados con el mayor cuidado y desiertos vastos sin labranza o cultura. La razón humana, cultivada en todas partes con igual esmero, producirá los mismos efectos; y esos efectos; serán la regeneración del entendimiento humano.

Era importante esta concepción sublime de genios ansiosos del bien universal de los pueblos. Pero no se le dio toda la extensión que exigía su objeto. Las madres son las institutrices primeras de los hombres. La primera leche que mama un niño, los primeros acentos, el primer idioma que oye, los primeros sentimientos, las primeras ideas, los primeros hábitos que recibe son los de la madre. Todo el orden moral depende de las madres dijo el filósofo que escribiendo de educación se dirigió a ellas desde las primeras líneas.

Si debe haber escuelas normales para formar los maestros que han de dar las segundas, terceras y últimas lecciones, ¿no será preciso establecerlas para formar a las que han de dar las primeras y más trascendentales? ¿Un hombre que sabe hacer geómetras será digno de consideraciones más grandes que una madre que sabe educar hijos?

El legislador debe organizar el sistema de Educación de las madres, y el gobierno ejecutar con celo el designado por la ley, la policía debe prevenir su inmoralidad, y los magistrados castigar sus delitos, los sabios deben formar catecismos, y enseñarles en ellos el método más fácil para educar a sus hijos. La moralidad de los pueblos es la suma de moralidad de las familias; y en las virtudes domésticas es incalculable la influencia de las madres. Ellas son las primeras a quienes la naturaleza entrega la obra más preciosa de sus manos.

Formados institutores capaces de enseñar debe pensarse en la enseñanza. Ya hay brazos labradores, cultívese la tierra. A las escuelas de maestros debe seguir las de discípulos.

No es posible dar en una sola la instrucción. Hay inmensidad en las ciencias y artes; y las facultades del hombre se van desarrollando gradualmente desde el momento en que nace hasta aquel en que cesa de progresar. Lo que es perceptible a la virilidad es oscuro a la adolescencia: y lo que ve claro un joven no puede entenderse darse por un niño.

Las leyes de la naturaleza, constantes en este punto como en el desarrollo sucesivo de una planta exigen que la enseñanza sea gradual y proporcionada a las facultades del hombre. Debe haber lecciones para la niñez que empieza a desenvolver sus potencias, lecciones distintas para la juventud, que las tiene más desarrolladas, lecciones diferentes para la virilidad que las ha formado y aspira a la gloria de extender o perfeccionar las ciencias.

Son diversos los sistemas inventados para cultivarlas y propagarlas. Las generaciones futuras jamás olvidarán los nombres de Filangieri, Talleyrand, Condorce y otros que se llenaron de gloria, y la comunicación al siglo XVIII, trabajando sin fatigarse para perfeccionar el plan de instrucción pública. Cada uno ha organizado la enseñanza de diversos modos; y las organizaciones que han querido darle pruebas el interés que toman por el elemento más grande prosperidad. Pero sucede en este punto lo mismo que en todos los otros. A excepción de las bases generales, todo lo demás debe ser local. Cada lugar debe tener sus leyes y establecimientos relativos a su posición política, así como tiene sus vegetales respectivos a su clima.

El plan de Filangieri, el de Talleyrand, el de Condorce, practicables en un estado muy rico y abundante al mismo tiempo en sabios, no podría ejecutarse en otro donde faltasen ambos elementos de riqueza y sabiduría. ¿Quién osaría plantearlos en las Repúblicas de América que están ahora consolidando sus gobiernos, formando su hacienda pública y pensando en la cultura primera de sus hijos descuidados anteriormente en la época deplorable de la dominación española?

Pero cualesquiera que sean las modificaciones de un plan de instrucción pública, debe haber escuelas elementales para enseñar los principios de las artes y ciencias en toda su extensión, y academias, sociedad o instituto para darles impulso, dirección y perfección.

ESCUELAS ELEMENTALES

Se instituyen para empezar y desarrollar las facultades físicas, intelectuales y morales de la niñez; y este triple objeto de su establecimiento manifiesta:

1.- Que deben establecerse dondequiera que hay niños, u hombres que sean niños, en las ciudades y en los pueblos, aldeas y en las haciendas o cortijos, en las cárceles y en los cuarteles. Todos deben ser socios; cooperadores del bien general, en una sociedad no debe haber individuos nulos, sin valor o aptitud para los servicios útiles; y la educación es la que da las aptitudes, capacidades o valores. El hombre que no tiene, gravita sobre los demás, es un impuesto vivo, una contribución o pecho siempre existente.

2.- Que deben constituirse de la manera más propia para disponer los alumnos al ejercicio de las funciones a que serán un día llamados por la ley fundamental. El plan de las escuelas de Hazelwood, modificado o variado según la edad de los discípulos y las circunstancias del lugar, es digno de tenerse presente. "El principio que hemos seguido, dicen sus autores, ha sido dejar todo el poder posible en manos de los mismos niños. Fijos en este objeto, les permitimos elegir una comisión de un mismo seno, en la cual se propongan, discutan y decreten las leyes de la escuela, crear una especie de jurado presidido por un juez para la calificación de las faltas o culpas; y establecer un ejecutivo compuesto de oficiales o funcionarios nombrados por la comisión, para el régimen de la escuela".

Este plan, bosquejo sencillo del cuadro grande del sistema representativo empezaría a dar a los niños las primeras ideas de sociedad, de gobierno, de división de autoridades y atribuciones de cada una de ellas, les enseñaría a ejercer los poderes electorales, legisladores, ejecutor y juzgador, los iría preparando para ser ciudadanos dignos de los empleos de la patria; y no habría males o daños, siendo el maestro el alma de la escuela, teniendo el derecho de dar o negar su sanción de los acuerdos de los pequeños legisladores, y el de inspección sobre los demás agentes.

3.- que deben enseñar los principios o ideas fundamentales de las artes y ciencias de mayor importancia y necesidad. El hombre quiere conservarse de un modo feliz, y su conservación exige salud, virtud y alguna ilustración para no ser víctima de enfermedades, vicios y errores. Debe pues, aprender los elementos: 1.- De la higiene o arte de conservar la salud: 2.- De la moral o ciencia de los derechos y deberes de los hombres privados en sus relaciones reciprocas. 3.-De la jurisprudencia constitucional o ciencia de los derechos y deberes de los hombres privados en su relación con los hombres públicos, que ejercen los poderes de la sociedad, y de éstos en su relación con aquellos: 4.- De la religión natural y revelada que sanciona aquellos derechos y deberes: 5.- De la lógica o arte de pensar con exactitud: 6.- De la Gramática o arte que enseña a expresar o comunicar los pensamientos por medio de la palabra y de la escritura. Se dice que los niños no son capaces de conocimientos; que es necesario esperar la edad de la razón. No hay edad alguna, dijo el sucesor de Locke y preceptor del Duque de Parma en que puedan comprenderse los principios generales de una ciencia; si no se ha hecho las observaciones que han conducido a aquellos principios. La edad de la razón es aquella en que se ha observado; y por consiguiente la razón llegará pronto si sabemos interesar a los niños en hacer observaciones.

4.- Que el maestro no debe ser un viejo adusto, censor eterno de la juventud, ni de genio o carácter severo. Es muy grande el espacio que separa a la vejez de los niños; y atravesando las lecciones que diese la primera, serían muy lentos los progresos de los segundos.

5.- Que tampoco debe ser individuo de aquellas clases u órdenes que por desgracia tienen intereses opuestos a los del pueblo. Si éste ha sido ignorante, degradado y supersticioso, es a más de otras causas, porque sus perceptores creían convenir a su elevación la Ignorancia, superstición y envilecimiento de los pobres. Fiada a ellas la educación de los niños, el movimiento se dirigiría casi siempre al interés de quien diese impulso.

¿No ha sido el de las familias reinantes el que lo ha dado en Europa a la instrucción pública antes de la era constitucional? ¿No es ese interés el que tiende todavía en algunos reinos a separar la atención de las ciencias morales y políticas, y volvería a las naturales y físicas? ¿No es la misma causa la que ha abierto las cajas de los gobiernos para expediciones botánicas, geográficas, arqueológicas, etcétera; y no las ha franqueado con igual generosidad para viajes políticos o morales para conocer los hombres y sus costumbres, los gobiernos y sus formas, las instituciones y sus efectos?

Cada clase es como la de los sacerdotes de Egipto. Tiene sus secretos o misterios, sus opiniones e intereses; no quiere hacer traición a ellos, trabaja por el contrario para mantenerlas inalterables en el pueblo; y la enseñanza sale corrompida cuando la dan labios que prefieren los intereses de su familia ó clase, a los de la verdad. ¿Dará un hombre prevenido por preocupaciones del orgullo lecciones imparciales de derecho? público ¿O enseñará con placer los principios de una constitución formada sobre bases prudentes, pero liberales?

Hay excepciones en todo lo general. El Caballero Filangieri supo manifestar a las naciones las verdades que les interesan. El Conde de Stanhope fue defensor acérrimo del pueblo, y el conde de Mirabeau un Júpiter tonante a favor del mismo. Pero as layes no deben decretarse por las excepciones que ofrecen ejemplos particulares. Los individuos son por la naturaleza de las Cosas llamados a propagar las opiniones y sostener les intereses de la clase a que pertenecen. Si alguno no tiene otros que los de la verdad, es necesario que pruebas intachables hablen a su favor.

6.- Que el maestro de los niños debe ser individuo de la nación in otros intereses que los generales del pueblo, amigo sincero de la verdad, cultor ilustrado de la virtud, de buen genio y humor, amante de la niñez, capaz de achicarse y jugar con los niños, perfectamente instruido en los elementos de las artes y ciencias que ha de enseñar, dueño del idioma en que los ha de explicar clara y sencillamente.

7.- Que sus lecciones no han de ser abstractas, sino proporcionales al alcance de los niños, y siguiendo el método de la enseñanza que nos presenta primero individuos y fenómenos particulares, nos hace percibir después relaciones de semejanza y diferencia, nos lleva a formar especies o géneros, nos enseña a clasificar y formar las teorías que constituyen las ciencias y arte. Un maestro debe dar a sus discípulos el hábito feliz de observar los hechos y averiguar las causas que os producen. Si la tierra se cubre de verdor y empieza a variarse la temperatura; si las espigas comienzan a sazonar sus granos y el calor a aumentar sus ardores; si los frutos llegan a madurarse, y el labrador a hacer sus cosechas sí el calor de la atmósfera y a la florescencia y fructificación de la tierra sigue por último el frío y la escarcha, la aridez y tristeza; explíqueles el curso de las cuatro estaciones, desenvolviendo a sus ojos la marcha asombrosa de la naturaleza; y manifestándoles porqué da esos cuatro pasos, y cuáles son los electos inmensos de cada uno de ellos. Si tiembla; si truena; llueve; etcétera, dígale lo que es el terremoto, el trueno, la lluvia etc. No deje escapar fenómeno alguno notable sin aprovechar el momento de lo oportunidad

¿Quiere darle lecciones de Higiene? Llévelos a un hospital para que vean todo lo que sufre un enfermo, y aprendan a estimar la salud. "Yo no soy médico, dígales; vosotros tampoco lo sois. Hagamos lo que hicieron los hombres antes que se formase la ciencia que se llama medicina. Estudiémonos a nosotros mismos observemos cuáles alimentos alteran nuestra salud, cuales vientos la trastornan; cuáles causas la destruyen. Hagamos una colección de observaciones, y seamos creadores de una medicina, pequeña como nosotros; pero fundada en hechos y útil para estar sanos, alegres y contentos".

¿Piensa elevarlos a los principios del derecho público? Comience explicándoles, el de la misma escuela; y del que organiza a ésta, para que al organizar a la nación "Vosotros, podía decirles, os habéis unido aquí para adquirir las aptitudes o capacidades precisas para ser felices. Todos juntos nombráis los diputados o representantes que deben acordar las leyes necesarias para el régimen de la escuela; un maestro lleno de experiencia y conocimientos, examina vuestros acuerdos y los aprueba si son convenientes, o los desaprueba en caso contrario; oficiales o funcionarios elegidos por vuestros diputados hacen cumplir vuestras leyes; y una especie de tribunal compuesto de jurados nombrados por vosotros califica vuestras faltas. Así es la nación o estado de que sois miembros".

El pueblo necesita hombres que decidan sus diferencias. Ninguno ha nacido con derecho para imponer leyes a otro, para gobernarle o determinar sus pleitos. Yo tengo iguales derechos que mi vecino. Ni él puede mandarme a mí, ni yo tengo imperio sobre él. Sólo podré tenerlo cuando su voluntad libre haya querido dármelo. Los individuos de una nación se hallan en el mismo caso.

No pueden unos tener autoridad sobre otros porque todos tienen iguales derechos. Es preciso que se reúnan para darla a quien sea digno de ella. La nación es el origen de donde mana directa o indirectamente toda autoridad legítima Ved aquí el principio fundamental de la ciencia del derecho público, es decir, de la ciencia que designa los derechos de las naciones y de los poderes o autoridades supremas que las gobiernan. Pensad sobre él; deducid consecuencias rectas; y vosotros mismos iréis formando la ciencia así como la formaron vuestros mayores"

8- Que el método que se adopte sea el que facilite más la instrucción; el que sensibilice las lecciones; el que haga intuitiva la enseñanza. Todo debe hablar a los ojos en una escuela. Todas las lecciones deben tener objetos que las hagan perceptibles a ellos. La niñez no está todavía elevada a la región de las abstracciones. Es preciso pintarle los pensamientos, las virtudes, el patriotismo. Estos cuadros deben ser el ornamento de la escuela.

9. Que el maestro, capaz de darle a sus discípulos conocimientos y virtudes, sea dotado y honrado como corresponds. Las escalas de premios formadas por los gobiernos han sido injustas. A empleos de menor y trascendencia se han franqueado más honores y designado sueldos más grandes que a otros de mayor trabajo, delicadeza y utilidad. Un hombre que debe olvidar su propia existencia para pensar solamente en la de sus alumnos: el maestro que empieza a formar a los ciudadanos que han de ser la felicidad o la desgracia de la patria, debe disfrutar el sueldo y gozar los honores que exigen funciones tan importantes. Premiad a los maestros como merece este título, y encontraréis hombres eminentes para desempeñarlos. Poned al frente de las escuelas profesores dignos de presidirlas, y de ellas saldrán patriotas ilustrados.

10.- Que el local mismo de las escuelas coopere también a llenar de objeto de su establecimiento, que no haya en él cosa alguna repulsiva: que por el contrario todo sea atractivo por el aseo y limpieza de las salas, el buen gusto de los muebles, la comodidad los asientos, la belleza de los objetos, los jardines y entretenimientos; que la enseñanza sea una diversión, y los niños asistan la escuela con el mismo placer que los lleva a un lugar de recreo.

No es el castigo, no es el rigor el método más eficaz de educación. Es el cariño; es el amor. No hagas odioso lo que quieras que sea deseado y amado. ¿Cómo es posible aprender lo que se repugna y detesta? Un maestro debe ser un padre amante de sus discípulos; y aquel que lo es de sus hijos no habla otro idioma que el del amor. Si es permitido citar ejemplos, yo oso indicar el que es más experimental para mí. Jamás he castigado a mi hijo; nunca lo he visto con ceño, ni tratado con rigor. Sólo tiene ocho años; a esta edad, en un país donde casí no hay otros objetos de instrucción que los de la naturaleza, posee ya algunos principios de Gramática Castellana, de Aritmética, de Geografía y de moral; traduce regularmente el francés sabe distinguir y nominar las figuras principales de Geometría y las partes más notables de un vegetal, Hombres que os encargáis de la educación de la juventud, amad a vuestros discípulos como yo amo a mi hijo, y todo os será fácil para activar sus progresos.

AULAS CIENTÍFICAS

La organización de ellas no ha sido dictada por la razón. La ha dirigido el espíritu dominador de cada siglo y lugar, y ese espíritu no ha sido siempre racional. En unos han sobreabundado las aulas de teología, y no se han establecido las de ciencias eminentemente útiles; en otros se han multiplicado las del derecho antiguo de los romanos, y no se ha fundado una sola para el constitucional y patrio.

Guiémonos al fin por la razón, superior a las pasiones y prevenciones de los siglos y lugares. El hombre es en las ciencias el mismo que en todas las demás cosas. Va aumentando sus fuerzas físicas, morales, e intelectuales a proporción que las va ejercitando. Debe dedicarse a lo más fácil cuando es débil; debe sufrir a lo más difícil cuando ha llegado a ser fuerte.

Las ciencias abrazan la naturaleza entera, y en la naturaleza hay seres más o menos difíciles de conocerse, fenómenos más o menos sencillos o complicados. Ved aquí el punto de donde debe partirse para organizar la enseñanza.

Estudiemos la materia bruta que es lo más sencillo de la naturaleza; subamos después a la materia vegetal que presenta fenómenos más difíciles; trepemos sucesivamente a la materia animal que aparece más complicada en todas sus funciones; ascendamos al hombre, que es el ser más grande de la tierra.

Observemos al hombre sólo o aislado primero, y unido en sociedad después; estudiemos en el hombre aislado las partes o sistemas de que se compone, y las acciones y reacciones de esas partes o sistemas; estudiemos en el hombre unido en sociedad sus relaciones con los demás hombres en particular, y las que tiene con la sociedad de que es individuo.

La naturaleza es un sistema sabiamente concatenado de seres; y las ciencias deben ser también un sistema, organizado con sabiduría, de conocimientos relativos a las partes y leyes de la naturaleza.

La Física da a conocer la materia manifestando sus propiedades y fenómenos; la Química descubre sus elementos; y las Matemáticas enseñan a calcularla o medirla. La materia se transforma vegetal, y la

Botánica hace conocer sus partes y funciones, sus clases y nomenclatura. Llega a ser animal dando un paso más prodigioso, y la Historia Natural hace su descripción anatómica, fija sus especies por caracteres inequívocos, y manifiesta los fenómenos de cada una y las relaciones de todas entre sí y con los demás seres de la tierra.

El hombre es uno de los animales más respetables y dignos de las inquisiciones de las ciencias. La anatomía se detiene a contemplarlo; hace sus análisis, y presenta vista su estructura orgánica describiendo las partes o sistemas de que se compone. La Fisiología vuelve también a él sus ojos, y examina las funciones de aquellos sistemas, su acción mutua o recíproca, y la influencia de todas en sus fenómenos.

La Medicina aprovecha las luces de una y otra ciencia, observa las enfermedades que afectan al hombre, estudia los efectos morales y literarios que producen, y busca en la naturaleza remedio que las alivien. De la estructura orgánica del hombre observada por el anatómico, el fisiologista y el médico se derivan sus necesidades y las facultades que tienen para satisfacerlas; de sus necesidades y facultades nacen sus derechos y deberes; y la moral en su significación más propia y exacta es la ciencia de los derechos y deberes del hombre.

Los derechos y deberes del hombre deben ser declarados por la ley; y la jurisprudencia en la latitud de su acepción es la ciencia de las leyes civiles y fundamentales.

Es maravilloso ese todo inmenso que se llama NATURALEZA. Es más prodigioso este otro todo infinito que se llama CIENCIA.

El estudio de la materia bruta da luces al de la materia elevada a vegetal; el de la materia vegetal las da la de la materia elevada a animal; y el de los animales las comunica al hombre, que es uno de ellos.

En el hombre el estudio de las partes o sistemas de que se compone escolares el de sus movimientos, sensaciones, pensamientos, afecciones y lenguas; el de todos estos fenómenos de efecto o producto de su organización física; y el de sus necesidades y facultades ilumina el de sus derechos y deberes que nacen de aquellas.

Todo es luz refleja en el sistema científico. Si se corta la comunicación de unas ciencias con otras; si se aíslan o separan por líneas impenetrables, no habrá reflexión de luces ni claridad en los espacios o que se extiende cada una de ellas. Todo será oscuridad y tinieblas.

En todo estado donde sea posible deben establecerse 15 aulas que enseñen a conocer: 1°.- En la de Física, las propiedades y leyes generales de la materia; 2°.- En la Química, sus elementos y análisis; 3°.- En la Matemática, su medición o cálculo; 4°.- En la Botánica, la estructura y clases de vegetales; 5°.- En la Historia Natural, la organización, funciones y especies de animales: 6°.- En la Anatomía, los diferentes sistemas o partes de que se compone el hombre; 7°.- En la Filosofía, las funciones de cada uno de aquellos sistemas; 8°.- En la Medicina, las enfermedades que los afectan y fenómenos que producen; 9°.- En la Moral Privada, los derechos y deberes del hombre con sus semejantes; 10°.- En la Moral Social, los derechos y deberes recíprocos del ciudadano con la nación y el poder que la gobiernan y de estos poderes y de la nación con el ciudadano; 11°.- En la Moral Universal; los derechos y deberes de las naciones unas contra otras; 12°.- En la de Lógica, la marcha que ha seguido el hombre en la creación de cada ciencia, como ha hecho observaciones y descubrimientos, cómo ha discurrido sobre ellas y formado el cuerpo de doctrina; 13° En la de Gramática General y Parcial, el método que ha adoptado para ir formando el idioma de cada ciencia y la lengua respectiva de la nación; 14°.- En la de Retórica, el arte maravilloso de la palabra, hablada o escrita, que influye en los progresos de las ciencias y adelantamiento de la civilización, dando claridad, exactitud y gracia al idioma de aquellas, demostrando o sensibilizando a los pueblos, los grandes principios y verdades benéficas; 15°.- En la de Enseñanza, el plan que debe seguir un maestro en la de sus discípulos según el arte o ciencia que forme el objeto de sus lecciones.

ACADEMIA DE EDUCACION

Si los hombres malos se juntan para aumentar sus fuerzas y hacer con ellas todo el daño que maquinan, los amigos del bien saben igualmente unirse para operarlo con la reunión de sus poderes individuales.

Es grande el número de sociedades establecidas en distintas naciones para multitud de fines benéficos. No hay objeto más interesante y digno de celo que la educación.

Los poderes supremos de una nación deben dirigirla y protegerla según sus atribuciones respectivas. Pero su atención es dividida entre muchos asuntos de especie diversa y esa división debilita la energía que exige el más importante.

Debe haber un cuerpo dedicado a él exclusivamente, debe haber una Academia compuesta de los hombres más ilustrados y subdividida en secciones auxiliares.

SERÍA CONVENIENTE

1.-Que existiese la Academia principal en la capital de la nación o estado, y las auxiliares en la cabecera de cada provincia o departamento; y que el instituto de ellas fuese la educación en sus tres aspectos, física, literatura y moral.

2. Que para llenarlo, las auxiliares reuniesen en su departamento o provincia respectiva y dirigiesen a la principal los informes o datos relativos al estado de educación, los manuscritos o documentos importantes para una biblioteca nacional, y los minerales, vegetales y animales disecados o vivos que fuesen dignos de un jardín o museo.

3.- Que la principal acordase y propusiese al gobierno lo que creyese interesante para organizar, mejorar o perfeccionar la educación, que estableciese un jardín botánico, un museo de Historia Natural y una biblioteca pública, que abriese correspondencia con las sociedades sabias de las demás naciones, e hiciese con ellas un cambio recíproco de manuscritos, libros y curiosidades que destinase algunos de sus socios para manifestar lo más sublime o abstracto de las ciencias a los hombres instruidos en ellas que quisiesen penetrarlo, que nombrase comisiones que se dedicasen a escribir cartillas claras y sencillas de las artes y ciencias más útiles para la instrucción inventasen, o popular, que publicase un mensual, trimestre o semestre para dar a luz los métodos de educación que se descubrimientos que se hiciesen en el propio país o en los extraños, que diese premios a los maestros que más se distinguen en la enseñanza de sus discípulos, y a los autores de descubrimientos más útiles para la prosperidad nacional, que propusiese al gobierno los viajes o expediciones que juzgase provechoso para formar la estadística, o escribir la historia natural, política y literatura de la república o reino, o dar impulso a los progresos de las artes y ciencias, que a la apertura de las sesiones del congreso, asamblea o parlamento diese cuenta al Poder Legislativo de sus trabajos y tareas en el curso del año, de los progresos de la educación y de las medidas que conviniese acordar para activarlos más.

4. Que el Poder Legislativo tuviese bajo su inmediata protección a la Academia, diese a los comisionados u oradores de ella el derecho de fundar de palabra o por escrito en las sesiones de aquel, proyectos que presentase; y últimamente, que le franquease todos los auxilios que necesitase para llenar los objetos nobles de su instituto.

FONDOS

Las escuelas, las aulas, la academia, exigen gastos para su establecimiento y conservación; y esos gastos deben hacerse con las contribuciones de los discípulos y con los fondos municipales, o con los de la hacienda pública.

Derivarlos de las contribuciones de los discípulos sería condenar a ignorancia perpetua a la clase más numerosa de la sociedad. Los que ven reducidos sus ingresos, la juventud quedaría inculta; y la nación poblada de hombres sin aptitud para los destinos en que es necesaria.

Deducirlos de los fondos municipales seria exponerse a iguales consecuencias. Son muchos en América los pueblos que no los tienen, muchos los que por la miseria de sus hijos no es fácil que los tengan. La administración en aquellos que los poseen no es tan arreglada como la del erario nacional. El uno es dirigido por funcionarios que han recibido alguna educación y tienen principios financieros. Los otros son manejados por infelices que no saben leer ni escribir. Ya ha hablado la experiencia, y su voz debe ser respetada. Jamás cesan de existir los funcionarios que paga la hacienda pública; y son reiterados los periodos en que no hay maestros de escuela aun en los pueblos que puedan tenerlos.

Exigir contribuciones de los hijos de los pudientes, no exigirlas de los hijos de los pobres, aplicar el déficit, del modo que permitan las leyes, los capitales destinados por los fundadores a - establecimientos piadosos, formar y propagar la opinión en favor de los de la educación de la juventud, inclinar en beneficio de ella la voluntad de los propietarios, repetir sin cesar que el acto más digno de los votos de la religión y patriotismo es cooperar a que los hombres tengan virtudes y luces, llenar el vacío que hubiese con los fondos de la hacienda pública, poner a ésta en virtud de satisfacer todas las necesidades de la nación, esto es lo que inspira la razón y exige el interés general de los pueblos.

La primera necesidad de una nación es la educación de sus hijos. Es importante, es necesaria la existencia de los tres poderes que deben ejercer los de la soberanía. Ya lo he demostrado con evidencia. Pero ¿que serían los Congresos, los Gobiernos y los Tribunales, si la educación no preparara y formara a los que ocupasen sus sillas?

La instrucción pública, dijo un escritor profundo, es parte conservatriz y vivificadora de la constitución política. No cesaré de repetirlo. No hay riqueza, no hay libertad consolidada, no hay prosperidad nacional, donde no hay espíritu público; y es imposible la existencia del espíritu público donde no hay ilustración que forme, dirija o sostenga.

Un factor, un intendente, un jefe político, un administrador, no son seres más necesarios que un maestro de escuela o un profesor de moral. Si los sueldos de los funcionarios son partidas justas del presupuesto anual de gastos, los de los preceptores de la juventud ¿no serán también partidas legítimas del mismo presupuesto?

Han corrido millares de siglos. Ya es viejo el mundo. ¿Y todavía hemos de ser niños?

¡Educación en todos sus aspectos, educación en todos los puntos donde hay hombres! Este debe ser uno de los primeros objetos del celo.

238

La patria necesita diputados, senadores, presidentes, vicepresidentes, consejeros, jefes, vicejefes, magistrados, jueces, financieros, etcétera. Si la educación no ha dado las aptitudes necesarias para saber servir estos oficios. ¿Cuál será, pueblos infelices, vuestra suerte o destino?

FECHAS DE LA VIDA DEL SABIO VALLE

1777

Noviembre 22: Nace en la Villa de Jerez de Choluteca, hijo de José Antonio Díaz del Valle y de Ana Gertrudis Díaz del Valle.

Diciembre 11: Lo bautiza José Gabriel Jalón, siendo apadrinado por Miguel Garin, natural de Ciudad de Guatemala, escribano público de la provincia de Tegucigalpa.

1787

Se traslada a la Nueva Guatemala, donde comienza sus estudios en el colegio de Belén.

1794

Diciembre: Con la ayuda de su maestro Fray Antonio de Liendo y Goicoechea y de Pedro Juan de Lara, se recibe de bachiller en filosofía y pasa a estudiar leyes y cánones.

1795

Su madre fallece.

1800

Febrero: Su padre contrae nupcias en la Villa de Choluteca con Adela de la Luz Herrera, viuda del capitán Manuel Ponce, teniente de alcalde mayor en la misma Villa.

1803

Agosto: Se recibe de abogado en la Audiencia de la provincia de Guatemala y se incorpora a ella.

1812

Febrero: Se le nombra regente de la nueva cátedra de economía política de la Sociedad Patriótica de Guatemala.

Octubre 12: En el oratorio de la Capilla Arzobispal de la Nueva Guatemala, contrae matrimonio con Josefa Valera, de la ciudad de Comayagua, hija de José Mariano Valera y Adriana Morales.

1813

Mayo: La Regencia lo nombra auditor de Guerra.

1820

Octubre 6: Publica el primer número de El Amigo de la Patria, publicación a favor de la independencia.

1821

Marzo: Es elegido alcalde de Guatemala.

Septiembre 15: Redacta el Acta de Independencia de Centro América. "El poder de la opinión hizo proclamar la independencia en paz y sosiego, sin sangre ni muertes", escribió Valle.

1822

Enero 5: Contra la vigorosa oposición de Del Valle, la junta Gubernativa de Guatemala declara la anexión de Centroamérica a México.

Marzo 10: La provincia de Tegucigalpa lo elige diputado al Congreso mexicano. Igual honor le confirió la de Chiquimula el 19 de marzo.

Mayo 7: Sale de la capital de Guatemala para Ciudad México a ocupar su puesto en el Congreso mexicano, comenzando sus funciones como diputado de Tegucigalpa
el 3 de agosto.

Agosto 5: Es nombrado miembro de la comisión de la Constitución.

Agosto 24: Por orden del Gobierno es detenido en el convento de la Merced, de donde a los dos días fue trasladado al convento de Santo Domingo. Allí estuvo preso durante seis meses, pero gozando de muchas consideraciones.

1823

Febrero 22: Encontrándose en la prisión es nombrado por Iturbide secretario de Estado y del despacho de Relaciones Exteriores.

Abril 2: Después de la caída de Iturbide, es nombrado secretario del despacho de
Justicia y Negocios Eclesiásticos, encargándole interinamente las demás secretarías de Estado.

Mayo 14: Restituido al Congreso mexicano, es nombrado miembro de la comisión especial
para fijar las bases de la Constitución.

Noviembre: Sale de Ciudad México para Guatemala.

1824

Enero 28: Regresa a Ciudad de Guatemala después de haber triunfado en el Congreso mexicano para que Centro América se constituyera como nación independiente.

Febrero 5: Toma posesión como miembro del Supremo Poder Ejecutivo de Centroamérica.

Noviembre 22: Se emite la Constitución de la República Federal de Centroamérica, sancionada en la misma fecha por el
Supremo Poder Ejecutivo integrado por José Manuel de la Cerda, Tomás O'Horan y José del Valle.

1825

Abril 12: Comienza a publicar El redactor General.

Abril 21: Contrariando el voto de la mayoría de los pueblos, que había favorecido a Del
Valle, el Congreso Federal elige como presidente de Centroamérica a Manuel José Arce.

Mayo 20: Publica el Manifiesto de José Del Valle a la Nación Guatemalana, haciendo una relación de los servicios que ha prestado a su patria, y demostrando la nulidad de la elección recaída en Arce.

Julio 8: Es nombrado enviado extraordinario y ministro Plenipotenciario ante Su Majestad británica y otros Gobiernos de Europa. Valle se excusa.

Octubre 5: La Asamblea lo nombra miembro de la comisión para redactar los proyectos del del código civil y del de procedimientos.

1826
Marzo: Diputado al Congreso Federal por el departamento de Guatemala.

1830
Septiembre 16: El general Francisco Morazán toma posesión de la presidencia de Centroamérica, cargo para el cual fue electo popularmente en competencia con Del Valle.

1831
Marzo 11: A propuesta del Senado es nombrado enviado extraordinario y Ministro Plenipotenciario ante Su Majestad el rey de Francia.

Octubre 24: El Congreso Federal lo nombra presidente de la Suprema Corte de Justicia. Se excusó.

1834
Es electo presidente de la República Federal de Centroamérica.

Febrero 22: Encontrándose en su hacienda —La Concepción‖, distante dieciocho leguas de Guatemala, cae gravemente enfermo.

Marzo 2: Fallece en el camino cuando iba hacia Guatemala para su toma de posesión. Fue enterrado en la catedral de Antigua Guatemala.

ÍNDICE